Nicole Karczmarzyk

Der Fall *tatort*

D1726192

Nicole Karczmarzyk

Der Fall *tatort*

Die Entschlüsselung eines Kultkrimis

Tectum Verlag

Nicole Karczmarzyk

Der Fall *tatort*.
Die Entschlüsselung eines Kultkrimis
ISBN: 978-3-8288-2254-2
Umschlagabbildung: © caracterdesign | iStockphoto.de
© Tectum Verlag Marburg, 2010

Besuchen Sie uns im Internet
www.tectum-verlag.de

Bibliografische Informationen der Deutschen Nationalbibliothek
Die Deutsche Nationalbibliothek verzeichnet diese Publikation in der
Deutschen Nationalbibliografie; detaillierte bibliografische Angaben sind
im Internet über http://dnb.ddb.de abrufbar.

"Wenn ich darüber nachgedacht hätte,
hätte ich den Versuch nicht gemacht.
Die Literatur war voller Beispiele, die
zeigten, daß ich das nicht schaffen kann."
(Spencer Silver, Miterfinder der "Post-Its")

Danke an meine Familie und an A.l.e.x.

- Die Tat und ihre Bedingungen werden eingeführt
- Die Leiche wird gefunden
- Der Ermittler wird zum Tatort gerufen
- Der Ermittler begeht den Tatort
- Ein Sachverständiger informiert den Ermittler

- Der private Konflikt des Ermittlers wird eingeführt
- Der private Konflikt des Ermittlers wird fortgesetzt
- Der private Konflikt des Ermittlers wird gelöst
- Der private Konflikt des Ermittlers überschneidet sich mit dem   Fall

- Ermittler besichtigen die Lebensumstände eines Beteiligten
- Der Ermittler informiert Angehörige
- Ein Adjuvant identifiziert die Leiche
- Der Ermittler besucht die Beerdigung des Opfers
- Der Ermittler befragt involvierte Personen
- Der Ermittler nimmt an einer Pressekonferenz zum Fall teil
- Der Ermittler tauscht sich aus
- Der Ermittler erkennt plötzlich einen wichtigen Zusammenhang
- Der Ermittler erläutert das Vorgehen im Ermittlungsverfahren
- Der Ermittler ermittelt unter einer anderen Identität

– Der Ermittler rekonstruiert den Tathergang
– Der Ermittler äußert einen Verdacht
– Der Ermittler führt eine routinemäßige Fahndungsmaßnahme durch

1. Vom Märchen zum TV-Krimi

Als Walter Richter 1970 zum ersten Mal als *Tatort*-Kommissar Trimmel vor der Kamera stand, ahnte er vermutlich nicht, dass er damit den Grundstein für eines der erfolgreichsten deutschen Fernsehformate legte. Bis heute haben mehr als 70 Ermittler bzw. Ermittlerteams die sonntägliche Strafverfolgung in über 700 Fällen übernommen. Der *Tatort*, der auf eine lange Geschichte zurückblicken und mit verhältnismäßig hohen Einschaltquoten aufwarten kann, ist genauso kontinuierlich immer wieder Gegenstand von literatur- oder medienwissenschaftlicher Forschung gewesen. Untersuchungen zu einzelnen Filmen und einzelnen Ermittlern oder Ermittlerpaaren liegen in großer Zahl vor. Ebenso existieren einige historische Betrachtungen der Reihe, sowie Einordnungen in das Krimigenre. Auch zum Krimi als Literatur- und Filmgenre, sowie zu seiner Struktur wurden mehrfach Analysen publiziert. Obwohl in den 1970ern die Zahl der wissenschaftlichen Publikationen zum Krimigenre anstieg, wurde bisher das Prinzip der Serialität jedoch weitestgehend vernachlässigt.[1] Diese Forschungsstränge sollen nun im Rahmen einer strukturellen Untersuchung der *Tatort*-Reihe zusammen geführt werden. Thematisch unterscheiden sich die einzelnen Serien der Reihe durchaus. So widmen sich die in Berlin, Frankfurt, München und Köln spielenden *Tatorte* gerne aktuellen Themen. *Tatort*-Münster dagegen findet in einer skurrilen ostwestfälischen Parallelwelt statt und der inzwischen pensionierte Dresdner Ermittler Ehrlicher neigte zu recht schrulligen Ermittlungsmethoden. Dennoch scheinen sich alle *Tatort*-Folgen der gleichen Strukturelemente zu bedienen. In „Der deutsche Fernsehkrimi" schreibt Krimiforscherin Ingrid Brück: „Der Fernsehkrimi ist schlichten und einfachen Genre-Konventionen unterworfen, was dazu geführt hat, von ihm als modernes Märchen zu sprechen".[2] In Anlehnung daran soll die theoretische Grundlage für die vorliegende Untersuchung Vladimir Propps Vergleich von Folklorestrukturen in seiner Studie

---

[1]   Vgl. Brück, Ingrid; Guder, Andrea u.a.: Der Deutsche Fernsehkrimi. Eine Programm- und Produktionsgeschichte von den Anfängen bis heute, Weimar: Metzler 2003, S. 158.

[2]   Ebd., S. 9.

„Morphologie des Märchens" sein.[3] Es soll versucht werden, eine Grammatik des *Tatorts* anhand eines Korpus' verschiedenster Folgen der Reihe herauszuarbeiten. Idealiter entsteht dabei eine Reihe von festen Narratemen aus denen sich jeder *Tatort*-Krimi konstituiert. Im weiteren Vorgehen wird die Forschungschronologie beibehalten und versucht, Ansätze aus Algirdas Julien Greimas' „Struktturaler Semantik" auf den Gegenstand anzuwenden.[4] Ähnlich wie Ursula Ganz-Blättler es postuliert, sollen nicht die wichtigsten Merkmale von Krimis aufgezeigt werden, sondern eine „Bestimmung der Rahmenbedingungen, in welchen sich das Genre verhältnismäßig frei bewegen und entfalten kann" geschehen.[5] In diesem Fall ist der Untersuchungsgegenstand auf 43 Filme der Reihe aus den Jahren 2000 bis 2006 beschränkt. Die hier angestrebte Strukturformel kann nicht, wie bereits an Propps Methode kritisiert wurde, die Inhalte einzelner Filme ausreichend deuten. Diese sollen daher in einer separaten Bestimmung der Isotopien näher betrachtet werden. Die Strukturformel zeigt die Bausteine auf, aus denen sich die hier untersuchten Folgen zusammensetzen. Außerdem lässt sie es zu, Rückschlüsse auf den Zusammenhang zwischen Struktur und Motivik zu ziehen: „Propp hat eindeutig nachgewiesen, dass die Spezifik des Zaubermärchens nicht in den Motiven [...], sondern in gewissen Struktureinheiten begründet liegt, um die sich die Motive gruppieren."[6] Beim *Tatort* dürfte daher interessant sein, an welche strukturellen Elemente die Motivik gekoppelt ist und welche Elemente für die Herstellung von aktuellen Bezügen innerhalb der Folgen verantwortlich sind. Dabei wird sich zeigen, inwieweit Propps Theorie auf ein Kunstprodukt des 20. Jahrhunderts anwendbar ist. Das Modell soll einzelne Motive in kleinste Einheiten zerlegen und diese austauschbar machen. Dies gilt auch für die Figuren,

---

3   Propp, Vladimir: Morphologie des Märchens, hrsg. v. Karl Eimermacher, München: Hanser 1972.

4   Greimas, Algirdas Julien: Strukturale Semantik. Methodologische Untersuchungen. Autoris. Übers. v. Jens Ihwe, Braunschweig: Friedr. Vieweg u. Sohn 1971 (=Wissenschaftstheorie, Wissenschaft und Philosophie, Bd. 4).

5   Ganz-Blättler, Ursula: Der „Krimi" als narratives Genre. Theorieansätze und -befunde, in: Mattscheibe oder Bildschirm. Ästhetik des Fernsehens, hrsg. v. Joachim von Gottberg u.a., Berlin: VISTAS 1999, S. 267.

6   Eleasar Meletinskij: Zur strukturell-typologischen Erforschung des Volksmärchens, in: Propp, S. 183.

also die Akteure der einzelnen Filme. Hierfür soll das Aktantenmodell Propps, da es alleine auf Märchen aufbaut, durch das von Greimas ersetzt werden. Das Aktantenmodell der „Strukturalen Semantik" wurde bereits von Greimas selbst an Gegenständen wie Ideologien, unternehmerischen Investitionen und Philosophien erprobt, und soll hier am wöchentlichen ARD-Krimi ausprobiert und ggf. entsprechend modifiziert werden.[7] Wie Greimas erwähnt, handelt es sich bei seinem Aktanten- und Transformationsmodell um Hypothesen, „die bei der Beschreibung von figurativen Manifestationen Verwendung finden [sollen]".[8] Es bleibt also zu erproben, inwieweit das Modell für die Krimireihe anwendbar ist. Am Ende sollte dies Aussagen über die Fernsehfilme und gleichermaßen über das Modell zulassen. Auf die Problematik von Gegenstand und Methode wird in Kapitel 3 näher eingegangen. Eine kongruente Anwendung der Propp'schen Methode wird aufgrund des hier beleuchteten Mediums Film kaum möglich sein. Um der strukturalistischen Vorgehensweise Propps gerecht zu werden, müsste theoretisch jede mögliche Ebene der Filme behandelt werden. Das würde bedeuten einzelne Aspekte wie Ton-, Bild- und Plotebene gesondert zu analysieren, um diese am Ende zu vergleichen bzw. in Zusammenhang zu bringen. Ein solches Vorgehen wäre an dieser Stelle aufgrund des Umfanges für höchstens einen Film möglich und müsste daher den seriellen Charakter unberücksichtigt lassen. Da die Untersuchung nicht wie Propps Märchenanalyse auf einen Bearbeitungszeitraum von acht Jahren ausgedehnt werden kann, werden die einzelnen *Tatorte* hier in Form des nacherzählten Drehbuchs behandelt. Nicht in die Untersuchung miteinbezogen werden können inhaltliche Kritikpunkte am *Tatort*, sowie Fragen nach der Authentizität. Nähere Aussagen über die Struktur der Reihe lassen sich außerdem vorerst nur über den im Korpus repräsentierten Zeitraum machen. Über das Programmformat Krimi lassen sich anhand der Analyse kaum umfassende Aussagen treffen. Dies bestätigt Brück, wenn sie schreibt:

Einzelne Sendungen als genreprägend herauszustellen ist zu einem gewissen Grad willkürlich, da das einzelne Angebot vor der Masse an

---

7 Vgl. Greimas, S. 166ff.
8 Ebd., S. 205.

gleichzeitig ausgestrahlten Fernsehkrimis verblasst und kaum bleibende Wirkung hinterlässt.[9]

Der *Tatort* kann demnach nur als ein Teil des Genres gesehen werden, auch wenn er durch sein über 30jähriges Bestehen zumindest teilweise als genrekonstitutiv und besonders anpassungsfähig gelten kann. In weiterer Forschungsarbeit wäre es möglich, die Untersuchung auf die gesamte *Tatort*-Reihe auszudehnen. Besonders interessant könnte es sein, ähnliche Analysen für die zahlreichen Krimiserien im deutschen oder sogar europaweiten Fernsehprogramm zu erstellen und miteinander zu vergleichen. Damit ließen sich Aussagen über das gesamte Krimi-Genre im Fernsehen treffen. Nach einer Einführung zu Gegenstand und Methode folgt eine Liste mit den aus 43 Sendungen isolierten Narratemen sowie deren Modifikationen auf der Grundlage der „Strukturalen Semantik". Die Anwendbarkeit des Modells soll in Kapitel 6 mittels einer exemplarischen strukturalen Analyse des *Tatorts Nur ein Spiel* veranschaulicht werden. Eine genauere Einordnung des Korpus in den gesamten Umfang der Krimireihe, in Form eines Vergleichs zu älteren und jüngeren Folgen, wird in Kapitel 7 angestrebt.[10]

---

[9]   Brück, S. 206.

[10]   Der Einfachheit halber werden die verschiedenen Folgen der Tatort-Reihe mit dem Titel, der jeweiligen Stadt und dem Jahr der Erstausstrahlung angegeben. Weitere Angaben dazu finden sich im Filmverzeichnis. Filmtitel und Serien werden durch Kursivdruck gekennzeichnet. Die Dienstgrade der Ermittlerfiguren werden z.T. mit den gängigen Abkürzungen, z.B. KHK für Kriminalhauptkommissar, angegeben.

2. Das Opfer: Der Gegenstand *Tatort*

Mit *Stahlnetz* ging im Frühjahr 1958, sechs Jahre nachdem das Fernsehen in der Bundesrepublik seinen Dienst aufgenommen hatte, die erste Krimiserie auf Sendung. Wenige Jahre später begann der Anteil der Kriminalfernsehserien stetig anzusteigen.[11] In den 1990er Jahren war die Fluktuation in diesem Programmformat so groß, dass „eine mediengeschichtliche Darstellung des Krimigenres" für schwierig erachtet wurde, „weil es zu viele kurzlebige Serien gab".[12] Auch das ARD-Projekt *Tatort* war ursprünglich auf eine Sendezeit von zwei Jahren begrenzt, da es in erster Linie als Konkurrenz für die ZDF-Sendung *Der Kommissar* dienen sollte.[13] Inzwischen zählt der *Tatort*, nicht zuletzt aufgrund seines langen Bestehens, zu den erfolgreichsten deutschen Sendungsformaten. In den Feuilletons überregionaler Tageszeitungen werden regelmäßig aktuelle Folgen besprochen, zahlreiche Bücher und Webseiten klären über die Geschichte der Sendung auf. Besonders erwähnt seien hier die Herausgeberschriften zum 30jährigen Bestehen der Reihe: Eike Wenzels „Ermittlungen in Sachen Tatort" und Holger Wackers „Das große Tatort-Buch".[14] Unterdessen scheint die Krimireihe durch crossmediale Verwendung, wie das Auftreten der Münchener Ermittler Batic und Leitmeyr in der Sendung *Lindenstraße*, oder Spin-Offs, wie die eigene Sendung des Duisburger Ermittlers Horst Schimanski außerhalb der *Tatort*-Reihe, geradezu kanonisiert zu sein. In der Reihe selbst wird damit gespielt, z.B. wenn Ermittler Ivo Batics Handy mit der *Tatort*-Titelmelodie klingelt.[15] Eike Wenzel sieht das Erfolgsgeheimnis der Sendung „in [ihrem] Pluralismus, in [ihrer] Offenheit für Zeitströmungen und in [ihrem] Konservatismus, was Komplexität und Gegenwartsbezogenheit [ihrer] Ge-

---

11   Vgl. Brück, S. 101.

12   Ebd., S. 205f.

13   Vgl. Wacker, Holger: Das große Tatort-Buch. Filme, Fakten und Figuren, Berlin: Henschel 2000, S. 11; vgl. Brück, S. 160.

14   Wenzel, Eike (Hrsg.): Ermittlungen in Sachen Tatort. Recherchen und Verhöre, Protokolle und Beweisfotos, Berlin: Bertz 2000; Wacker. Mit einigen Essays, Interviews und zahlreichen Besprechungen einzelner Folgen. Informationen zu Wiederholungen, Ermittlern und einzelnen Folgen sind auf www.tatort-fundus.de abrufbar.

15   „Das verlorene Kind", München, 2006.

schichten angeht"[16] Zahlreiche Nominierungen einzelner Folgen für den Adolf-Grimme-Preis sprechen für dieses Argument. Ludwig Bauer dagegen sucht das Geheimnis des „deutschen Erfolgsmodell[s] in Sachen Krimi" in seinem minimalen seriellen Charakter.[17] Jochen Vogt dagegen meint:

> *Die föderalistische Produktionsweise schafft innerhalb des lockeren Reihenverbundes zusammenhängende Struktureinheiten bzw. Komplexe von Folgen, die jeweils um dieselbe Ermittlerfigur kreisen. Diese weisen in Minimalmerkmalen serielle Elemente auf, ein Phänomen, das die Bindung der Rezipienten an diese Folgen erhöht und konventionalisierten Zuschauererwartungen entgegenkommt, die durch die allgegenwärtigen Serialisierungstendenzen innerhalb des Programmangebots prädisponiert sind.[18]*

Aufgrund dieser Tatsache nennt Jochen Vogt den *Tatort* eine „Hyper-Serie", da die Folgen jedes Ermittlerteams durch dramaturgisch übergreifende Elemente zur eigenständigen Serie werden.[19] Die 17 voneinander unabhängig konzipierten Serien werden dann wiederum unter dem Projekt *Tatort* zu einer Reihe zusammengeschlossen und spiegeln damit das föderale Prinzip der ARD wider.[20] Gemeinsam bleibt den einzelnen Serien lediglich der seit 1970 unveränderte Vorspann. Da sich die meisten Handlungen um den oder die Ermittler drehen, die jeweils Beamte einer Mordkommission sind, fällt der *Tatort* unter die so genannten Polizeikrimiserien. Während die erste Krimiserie *Stahlnetz* ihre Fälle auf wahren Begebenheiten basieren ließ, hat sich der *Tatort*, wie sein Konkurrent *Polizeiruf 110*, von Be-

---

[16]   Wenzel, S. 16.

[17]   Bauer, Ludwig: Authentizität, Mimesis, Fiktion. Fernsehunterhaltung und Integration von Realität am Beispiel des Kriminalsujets, München: Schaudig/Bauer/Ledig 1992, zugl. München Univ. Diss. 1991 (=Diskurs Film: Bibilothek, Bd. 3), S. 101.

[18]   Vgl. Vogt, Jochen: „Tatort – der wahre deutsche Gesellschaftsroman. Eine Projektskizze", in: Ders. (Hrsg.): MedienMorde. Krimis intermedial, München: Fink 2005, S. 126.

[19]   Vgl. ebd., S. 115.

[20]   Die Serien werden voneinander unabhängig konzipiert, bis auf einzelne Kooperationen, wie z.B. *Quartett in Leipzig* (2000). Hier ermitteln die Dresdner und die Kölner Kommissare gemeinsam unter dem offiziellen Siegel der Amtshilfe.

ginn an der Fiktionalität verschrieben. Ludwig Bauer sieht hier das mimetische Prinzip der Reihe „die von Anfang an einen Typus des Fernsehkriminalfilms zu entwickeln versuchte, der trotz seines expliziten Bekenntnisses zur Fiktionalität auch einen gewissen Realitätsbezug nicht aus den Augen verliert".[21] Unter den hier angesprochenen Realitätsbezug fallen vor allem die aktuellen Motive, die der *Tatort* aufgreift. Mit dem Film *Der glückliche Tod*, in der Sterbehilfe im Falle von lebensbedrohlichen Krankheiten thematisiert wird, reihte sich die Sendung zum Beispiel in die öffentliche Debatte zum Thema ein.[22] Der Aktualitätsbezug spielte bereits im ersten *Tatort Taxi nach Leipzig* eine Rolle, in dem ein Vater versucht seinen Sohn aus der damaligen DDR in den Westen zu schmuggeln. Andere Komponenten der Reihe sind deutlichen Entwicklungen unterworfen, was sich besonders gut an den Ermittlerfiguren ablesen lässt. Die Kommissare der ersten *Tatorte* zeichneten sich noch durch wenig Privatleben aus und neigten dazu, ihre Fälle im Alleingang zu lösen. Mit Horst Schimanski kam schließlich eine weniger idealisierte Figur hinzu, die einen Umbruch in den Ermittlercharakteren markierte. Schimanski zeigte den Kommissar von seiner menschlichen und fehlbaren Seite und hatte kaum noch etwas gemein mit den kühlen Analytikern der ersten Jahre. „Dass Tatort-Kommissarinnen und -Kommissare ein Privatleben haben, ist eine Erfindung der achtziger Jahre" behauptet auch Clemens Niedenthal.[23] Doch die Entwicklung machte selbst bei Horst Schimanski nicht Halt, denn

an seine Stelle ist schon der neue Typus der späten 80er und 90er Jahre getreten, dessen professionelle Eignung nicht auf biographischen Erfahrungen im Milieu beruht, sondern dem Durchlaufen von schulischen Lernprozessen und dem Besuch von Weiterbildungsveranstaltungen.[24]

---

21   Bauer, S. 100.

22   *Der glückliche Tod*, Ludwigshafen, 2008.

23   Niedenthal, Clemens: „Von A bis Z: Ein Tatort-Glossar", in: Du. Zeitschrift für Kultur (779): Tatort. Der Mord zum Sonntag, Nr. 8, September 2007, S. 50.

24   Kade, Jochen: "Tatort" und "Polizeiruf 110". Zur biographischen Kommunikation des Fernsehens in beiden deutschen Staaten, in: Bios, Vol. 9, 1996, No. 1, S. 120.

Dies schreibt Jochen Kade in einem Aufsatz über die Weiterentwicklung des *Tatort*-Personals. Mit wenigen Ausnahmen trifft diese Beschreibung auf den Ermittlertypus des hier untersuchten Korpus' zu. Der *Tatort* zwischen 2000 und 2006 zeichnet sich außerdem durch mehr Sequenzen zum Privatleben der Ermittler aus, und bis auf Moritz Eisner in Wien und Charlotte Lindholm in Hannover, ermittelt keiner der Kommissare mehr allein.

Die Auswahl der 43 untersuchten Folgen ist insofern rein willkürlich, als dass sie auf der Reihenfolge der Wiederholungen der Sender der ARD basiert. Bei der Zusammenstellung wurde jedoch darauf geachtet, dass weder eine Stadt, noch ein Jahr, unterrepräsentiert sind. Lediglich drei Filme wurden bewusst ausgewählt. Dabei handelt es sich um die Münchener Folge *Ein mörderisches Märchen*, *Requiem* mit Bremer KHK Inga Lürsen, sowie der Konstanzer Fall *Der Schächter*.[25] Alle drei Fälle scheinen sich auf den ersten Blick strukturell stark vom Rest des Korpus zu unterscheiden und dienen daher als erste Prüfung des in Kapitel 4 entwickelten Modells. Mit *Im freien Fall* und *Herzversagen* befinden sich zwei Filme im Korpus, die jeweils mit dem Adolf-Grimme-Preis ausgezeichnet wurden.

---

[25]   *Ein mörderisches Märchen*, München, 2001; *Der Schächter*, Konstanz, 2003; *Requiem*, Bremen, 2005.

3. Das (Straf-)Verfahren: Zur Methode

Im folgenden Kapitel sollen die Methode, sowie die Voraussetzungen der Analyse näher betrachtet werden. Anschließend werden vorab die krimitypischen Strukturen, sowie das Aktantenmodell von Greimas am Gegenstand erprobt.

3.1 Durchsuchungsbeschluss: Argumente für eine Strukturformel

„Man kann die Beobachtung machen, dass die Personen im Zaubermärchen, so sehr verschieden sie auch sein mögen, [...] im Laufe der Handlung jedoch dasselbe tun."[26] Dies stellt Vladimir Propp im Rahmen der Erforschung von russischen Zaubermärchen fest. Ganz ähnlich scheint es mit den Akteuren der Krimireihe *Tatort* zu sein. Denn so verschieden die derzeitigen 17 Ermittler und Ermittlerteams auch sein mögen, und so viele neue Täter und Opfer in jeder Folge auch auftauchen, ihr Verhalten scheint sich stets zu ähneln. Eine weitere Gemeinsamkeit ist die Unbestimmbarkeit des Urhebers. Während Märchen tradiert werden und somit der tatsächliche Urheber kaum zu bestimmen ist, ist der Film ein Kunstprodukt mit einer Reihe von Urhebern, wie dem Drehbuchautor, dem Regisseur und weiteren Mitarbeitern. Allein diese Beobachtungen reichen nicht aus, um die Sendung für eine ‚Morphologie des *Tatortes*' zu qualifizieren. Was die Reihe für eine derartige Untersuchung prädestiniert, ist zum einen die Zugehörigkeit zum Genre des Krimis bzw. des Fernsehkrimis. Knut Hickethier bemerkt zum Fernsehfilm, dass dieser sich „künstlerisch anspruchsloser und dafür formatbezogener" gibt.[27] Sollte sich diese Annahme als richtig erweisen, müsste sich für das Korpus ohne Probleme eine Liste von

---

26 Propp, S. 155.

27 Hickethier, Knut: Genre oder Format? Veränderungen in den Fernsehprogrammformen der Unterhaltung und Fiktion, in: Mattscheibe oder Bildschirm, S. 215.

sich wiederholenden Narratemen erstellen lassen. Das Format des Fernsehkrimis hat für die Analyse den Vorteil, dass es „einfache und universelle" Regeln befolgt.[28] Christine Uthemann bestätigt in ihrem Vergleich verschiedener Krimiserien, dass selbst die Motivik gleich bleibt, da sich „die Kriminalitätsdarstellung im Kriminalfilm des öffentlich-rechtlichen Fernsehens über einen Zeitraum von elf Jahren hinweg nicht wesentlich verändert hat".[29] Peter Nusser begründet in seiner Monographie „Der Kriminalroman" die Einförmigkeit von Krimiserien mit der Abhängigkeit von Einschaltquoten:

> *Denn die massenweise produzierten Krimiserien, [...] fordern, um die Zuschauer zu binden, d.h. stabile Einschaltquoten und dadurch auch die kommerziell sich lohnende Platzierung von Werbespots zu ermöglichen, ein hohes Maß an Wiederholung des Gleichartigen. Die Handlungsentwicklungen der Serien folgen, ebenso wie die Verteilung und Typisierung der Figuren, relativ festen, bewährten Mustern. Dies schließt Qualitätsdifferenzierungen zwischen den Serien nicht aus.*[30]

Gleichzeitig weist er daraufhin, dass sich die Serien motivisch oder qualitativ unterscheiden können.[31] Gerade dieser Umstand macht die Analyse einer Fernsehkrimi-Reihe interessant, und wirft die Frage auf, woran diese Unterschiede gekoppelt sind. Ein weiteres Merkmal, welches den Krimi als Untersuchungsgegenstand attraktiv macht, ist sein langjähriger Erfolg und die damit verbundene Frage, ob die Struktur eines Erfolgskonzeptes auch zwangsläufig komplexe Ausmaße haben muss. Von den Redaktionen der ARD gibt es keinerlei strukturelle Vorgaben im Hinblick auf das Verfassen von *Tatort*-Drehbüchern. Lediglich das Personal, das jeweilige setting, also die Stadt, sowie die 90-minütige Dauer einer Folge müssen eingehalten werden. Da das Personal der Filme in der Mordkommission tätig ist, ergibt sich daraus zwangsläufig eine Thematik um Gewaltverbrechen. Die Untersuchung zielt nicht da-

---

[28] Brück, S. 210.

[29] Uthemann, Christiane: Die Darstellung von Taten, Tätern und Verbrechensopfern im Kriminalfilm des Fernsehens. Eine vergleichende inhaltsanalytische Untersuchung, zugl. Diss. Uni. Münster: o.A. 1990, S. 287.

[30] Nusser, Peter: Der Kriminalroman, 3, akt. u. erw. Aufl., Weimar: Metzler 2003, S. 149f.

[31] Ebd.

rauf ab, den idealtypischen *Tatort* zu finden und festzustellen, was überhaupt zur Reihe gehört und was nicht. Propp und auch Greimas stimmen darin überein, dass „die Konstitution eines Genres" gleichzeitig „die automatische Komposition von neuen Vorkommen" erlaubt.[32] Ähnlich wird in Nils Borstnars „Einführung in die Film- und Fernsehwissenschaft" argumentiert.[33] Der Anspruch starre Gesetzmäßigkeiten der *Tatort*-Reihe zu entwickeln, wäre demnach wenig gewinnbringend. Es können lediglich Konventionen des Formats erkannt und das strukturalistische Modell für den Gegenstand praktikabel gemacht werden. Bei *Tatort*-Folgen, deren Struktur ein bewusster Bruch mit den üblichen Sendungen darstellt, wie es z.b. häufig in Filmen der Fall ist, die von bedeutenden Drehbuchautoren, Schriftstellern oder Regisseuren produziert werden, gilt es grundsätzlich herauszufinden, inwieweit die Struktur von der automatisierten Folie, also dem gewohnten *Tatort*, abweicht. Ließen sich diese Abweichungen nicht mit der Strukturformel in Kapitel 4 nachvollziehen, so müsste man in diesem Fall von einer ,Verfremdung' ausgehen.[34] Also eine bewusste Abkehr von den nicht zwingenden Genrekonventionen, die allerdings erst durch die gewohnte Struktur möglich wird. Ein solches Phänomen ist z.b. mit der relativ ,jungen' Hamburger Ermittlerfigur Cenk Batu aufgetreten, die ausschließlich als Undercover-Polizist auftritt.[35]

Auf den ersten Blick könnte das Medium Film der Methode durchaus Probleme bereiten. Während Propp Erzählungen höchster narrativer Stringenz untersuchte, bringt das Medium Film oder Fernsehen es mit sich, dass verschiedene dramaturgische Handlungsstränge angerissen und mittels Montage in zeitliche Parallelität gebracht werden können. Besieht man diesen Umstand genauer wird hingegen deutlich, dass sich aus jedem dramaturgischen Bogen, unabhängig von Länge und Ausmaß, einzelne Narrateme isolieren lassen. Diese ,Bausteine' wiederum bilden am Ende den ,Bau-

---

32   Greimas, S. 171.

33   Borstnar, Nils u.a.: Einführung in die Film- und Fernsehwissenschaft, Konstanz: UVK-Verl.-Ges. 2002 (= UTB für Wissenschaft, 2362), S. 52.

34   Vgl. Link, Jürgen: Literatursemiotik, in: Helmut Brackert u. Jörn Stückrath (Hrsg.) Literaturwissenschaft. Ein Grundkurs, 8. Aufl. Hamburg: Rowohlt 2004, S. 25.

35   Vgl. *Auf der Sonnenseite*, Hamburg, 2008. Da die erste Folge nicht mehr in den Zeitraum des Korpus' fällt, wird dieser erst im Vergleich näher betrachtet.

kasten', aus dem sich jeder Handlungsstrang einzeln herstellen lässt. Davon ausgehend, dass jeder Handlungsstrang aus den gleichen narrativen Elementen besteht, lässt sich jede Rahmen- und Binnenhandlung und gleichzeitig jede filmische Montage mit dem System der Funktionen erklären. Die Kehrseite der Medaille ist allerdings, dass eben durch Montagen und Bildsprache, die eventuell Gleichzeitigkeiten von Narratemen in filmischen Sequenzen zulässt, vermutlich keine feste chronologische Reihenfolge herausgearbeitet werden kann. Während bei Propp eine feste Chronologie der Funktionen bestand, die ausschließlich durch Wegfall einzelner Narrateme variierte, wird für den *Tatort* eine solche ausschließlich im Rahmen der übergeordneten Strukturen nachzuweisen sein.[36] Eine feste Reihenfolge, die durch Auslassung variiert, wäre zwar rein logisch gesehen möglich, allerdings müsste hierfür für jeden der 43 Filme im Korpus eine individuelle Strukturformel hergestellt werden, um diese dann am Ende ,übereinander' zu legen. Es würde eine ausgesprochen unhandliche Formel entstehen, die mehr durch ihre Länge, als durch ihre Präzision jede mögliche *Tatort*-Folge beschreiben könnte.

3.2 Grenzfahndung:
Typische Krimistrukturen im *Tatort?*

Dem Genre des Krimis ist eigen, dass es, wie auch das Genre des Fantasy-Films, ein Mischprodukt ist. Es kann u.a. Merkmale des Westerns, des Melodrams oder des Thrillers aufweisen. Die Reihe *Tatort* kann außerdem durch die regionale Komponente Anleihen an den Heimatfilm, und durch übergreifende Dramaturgie an die so genannte Seifenoper machen. Die einzelnen Komponenten manifestieren sich im Rahmen einzelner Narrateme. Zum Beispiel sind Elemente der Seifenoper besonders in den Sequenzen zu finden, die sich mit dem Privatleben der Ermittler befassen. Ingrid Brück geht davon aus, dass sich aus den Motivationsfragen des Krimis, also „Wer ist der Täter?" und „Warum tut er es?", verschiedene Subgen-

---

[36]   Vgl. Propp, S. 28.

res eröffnen, „die den Krimi nicht mehr als einfaches Strukturmodell zulassen".[37] Übergeordnete Strukturen des Krimigenres greifen demnach nicht zwangsläufig für jede Serie oder jeden Film. Inwieweit dies jedoch tatsächlich der Fall ist, bleibt zu untersuchen. Der *Tatort* entspricht demnach einem Subgenre und unterscheidet sich aufgrund der Motivationsfragen z.b. von aktuellen amerikanischen Formaten wie *Criminal Intent – Verbrechen im Visier* oder *Medium – Nichts bleibt verborgen*.[38] Die Motivationsfragen gelten freilich ebenso für die Ermittlerfigur. Zum Beispiel liegt die Besonderheit der Serie *Medium* in der Figur der Ermittlerin, die, basierend auf der Autobiographie ihres Vorbildes Allison DuBois, über parapsychologische Fähigkeiten verfügt und diese zur Aufklärung von Verbrechen nutzt. Struktural deutet dieser Umstand tatsächlich auf ein besonderes Ermittlungsverfahren hin, dass nur schwer mit dem des *Tatorts* verglichen werden kann. Nach der übergeordneten Struktur sind die *Tatort*-Filme dem „konventionelle[n] police procedural" zuzuordnen.[39] Dies entspricht einem „Ermittlungskrimi", der im deutschen Fernsehen laut Ursula Ganz-Blättler hegemonialen Status hat.[40] Edward Branigan unterscheidet den Krimi nach seiner Form der Wissensvermittlung. Wendet man dieses Modell an, schwanken die *Tatort*-Filme zwischen „suspense", die Zuschauer wissen mehr als der Ermittler, und „surprise", Ermittler und Zuschauer sind auf dem gleichen Wissensstand.[41] Im Gegensatz zu seinem Konkurrenten *Polizeiruf 110* wird im *Tatort* weniger die emotionale Bindung an das Opfer oder den Täter geschürt. Im Rahmen eines Distanzmodells wird den Zuschauern die Möglichkeit gegeben, selbst zu ‚ermitteln'. Dementsprechend müsste sich der *Tatort* stets an ein klassisches Whodunit-Schema[42] halten, was auch tatsächlich vorwiegend der Fall ist. Wenige Ausnahmen, wie *Stirb und Werde* und *Der Fremdwohner*, geben zumindest vor, einer so genannten inverted story[43] zu folgen. In *Der Fremdwohner* sehen die Zuschauer zu Be-

---

37   Brück, S. 10.
38   *Criminal Intent*, USA 2001 u. *Medium*, USA 2005.
39   Vogt: „Tatort – der wahre deutsche Gesellschaftsroman", in: Vogt, S. 113.
40   Ganz-Blättler, in: Mattscheibe oder Bildschirm, S. 269.
41   Zitiert nach: Ebd., S. 272.
42   Engl. Who has done it? Im Vordergrund steht die Frage nach dem Täter.
43   Im Vordergrund steht hier die emotionale Bindung an den Täter, der den Zuschauern von Beginn an mehr oder weniger bekannt ist.

ginn den vermeintlichen Täter am Tatort und hören ihn zu sich selbst über die Tat sprechen.[44] Gegen Ende entpuppt sich dieser vermeintliche Wissensvorsprung als ‚red herring'[45] und der angebliche Täter als Zeuge. Was als inverted story anfing, wird zum altbewährten Whodunit. Anders als in klassischen Krimi-Erzählungen wie denen Agatha Christies, werden im *Tatort* keine Ermittlungsergebnisse vor den Zuschauern verheimlicht. Die Zuschauer wissen in jedem Fall genauso viel oder sogar mehr als die Ermittler. Die Annahme, dass Krimis wie Märchen klar zwischen ‚gut' und ‚böse' unterscheiden, kann für die im Korpus gelisteten Filme nicht bestätigt werden. Ob dies insgesamt für die Reihe gilt, kann an dieser Stelle nur rein hypothetisch erwägt werden. Ein Hinweis darauf wäre bereits der erste *Tatort, Taxi nach Leipzig*, in dem die Täter gleichfalls Opfer der politischen Umstände sind. Rainer Viehoff meint, dass eindimensionale Perspektiven auf Verbrechen „out" seien und besonders die Kommissare zu einem Mischprodukt zwischen ‚gut' und ‚schlecht' geworden sind.[46] Christine Hartmann nimmt ebenfalls an, dass es keine schwarz/weiß-Perspektiven auf die Tat oder Strafverfolgung im Fernsehen mehr gibt. Besonders werden ihrer Ansicht nach ‚moralisches' und ‚staatliches Recht' unterschieden. „Diese Entwicklung wird von einer Hintergrundbeleuchtung von Tätern, Opfern und Ermittlern begleitet. Häufig wird zudem das Privatleben der Ermittler ins Krimigeschehen mit einbezogen."[47] Entgegen oder gerade aufgrund dieser Entwicklung bleibt am Ende des Krimis und auch des *Tatorts* stets die Aufklärung des Falles. Dies mag in einigen Filmen vom Zuschauer durchaus negativ empfunden werden, besonders wenn die so genannten ‚schuldlos Schuldigen' bestraft werden. In den überwiegenden Fällen wird allerdings die Ordnung im Rechtssystem am Ende wieder hergestellt.[48] Ist die moralische Schuld des Täters auch fraglich, wird er

---

[44]   *Der Fremdwohner*, München, 2002.

[45]   Engl.: Falsche Fährte

[46]   Viehoff, Reinhold (Hrsg.): Stahlnetz, Tatort, Polizeiruf 110. Transitions in German Police Series, Halle: o.A. 1998 (= HALMA, Hallische Medienarbeiten 8, 1998.), S. 9.

[47]   Hartmann, Christiane: Von „Stahlnetz" zu „Tatort". 50 Jahre deutscher Fernsehkrimi, Marburg: Tectum 2003, S. 130.

[48]   Eine Ausnahme hierzu bietet der Hamburger *Tatort Investigativ* von 2007. Die Ermittler schaffen es in diesem Film nicht den Täter, einen Großinvestor der Stadt, zu überführen.

i.d.R. doch seiner Strafe zugeführt. Dieser Umstand ist besonders interessant unter Berücksichtigung der tatsächlichen Verbrechensstatistiken. Demnach beträgt die Aufklärungsquote für Gewaltverbrechen in der Realität unter 50 Prozent.[49] Ingrid Brück hält diesen ständigen Sieg des Guten über das Böse im Kriminalfilm für ein „Muster von großer kultureller Kraft, welches auch die zu Grunde liegende Essenz des Krimis ausmacht".[50]

Trotz der genannten Schwierigkeiten der Zuordnung lässt sich ein Grundmuster des Kriminalfilms auch im *Tatort* erkennen. Tom Zwaenepoel zieht hier erneut den Märchenvergleich heran: „Das Märchenhafte steckt erstens im Grundmuster aller Kriminalfilme. Nach einer Verwirrung, einer Rechtsverletzung, ist die Weltordnung in der heilen Welt am Ende der polizeilichen Ermittlungen wieder hergestellt."[51] Ganz ähnlich lässt sich die Struktur auf der Basis von Propps Märchenanalyse in das „Wirken des Schädlings zu Beginn", die „Reaktion des Helden" und die „Wiederherstellung der Ordnung" einteilen.[52] Genau genommen lässt sich diese Einteilung für einen Großteil aller Filme mit so genanntem ‚Happy Ending' anwenden. Peter Nusser übersetzt sie für den Kriminalroman und damit auch für die *Tatort*-Reihe erstens in das Verbrechen, zweitens die Fahndung und drittens die Lösung des Falles bzw. Überführung des Täters.[53] Hierbei handelt es sich um Handlungsabschnitte. Da die „Tiefensyntax eines Diskurses [in diesem Falle der *Tatort*] [...] aus zunächst noch abstrakten elementaren Aktantenkonstellationen, wie Greimas sie in Weiterentwicklung von Propps Funktionen des Märchens [...] in der Form seines Aktantenmodells dargestellt hat", besteht, müsste demnach das Schema für die *Tatort*-Reihe wir folgt aussehen:[54]

---

49   Vgl. Uthemann, S. 135.

50   Brück, S. 9.

51   Zwaenepoel, Tom: Fernsehkrimis "made in Germany". Eine inhaltliche und sprachlich-stilistische Analyse, Gent: Seminarie voor Duitse Taalkunde 1994 (=Studia Germanica Gandensia, 35), S. 58.

52   Vgl. Meletinskij, in: Propp, S. 209.

53   Vgl. Nusser, S. 22.

54   Nöth, Winfried: Handbuch der Semiotik. 2., vollst. neu bearb. und erw. Aufl., Stuttgart [u.a.]: Metzler 2000, S. 114.

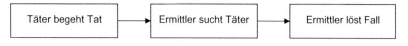

Abb. 1

In dieses Schema können die in Kapitel 4 erarbeiteten Funktionen eingelassen werden. Ähnlich wie bei Propp fallen z.b. die ersten fünf Funktionen unter die übergeordnete Struktur „Täter begeht Tat" usw. Eine feste Chronologie der Funktionen wie bei Propp, ist für den *Tatort* allerdings nur schwer festzustellen. Die übergeordnete Struktur lässt aber vorerst die Rahmenhandlung abstecken, die in der Funktionsliste auf differenzierterer Ebene untersucht wird.

3.3   Nur Räuber und Gendarm?

Aktantenmodelle des *Tatorts*

Aus dem Aktantenmodell Propps, das auf den so genannten Handlungskreisen seiner Funktionen beruht, stellte Algirdas Greimas in seiner „Strukturalen Semantik" eine universalere und zugleich ‚abgespecktere' Version her. Da sich Handlungskreise für den *Tatort* zwar bestimmen lassen, sich die meisten Handlungen allerdings ausschließlich um die Ermittler drehen, bietet es sich in diesem Fall an, das Modell vom Greimas zu Rate zu ziehen. Besonders hilfreich dabei ist, dass Greimas sein Modell universal gehalten hat und es sich auf Narrationen, aber auch auf abstraktere Sujets anwenden lässt.[55] Der besondere Vorteil des Modells liegt darin, dass es sich bei den Aktanten nicht zwangsläufig um Personen handeln muss, sondern es sich auch um Gegenstände oder abstrakte Größen, wie in unserem Falle z.B. ‚den Rechtsstaat' handeln kann.[56] Ebenso sind Akteure von Aktanten zu unterscheiden, da ein Aktant, z.B. der ausführende Ermittler, im Laufe der Handlung durch verschiedene

---

[55]   Vgl. Greimas, S. 166.

[56]   Vgl. ebd.

Akteure besetzt werden kann.[57] Ein Beispiel dafür liefert die ‚Tatort-begehung' in *Herzversagen*.[58] Zum vermeintlich ungewöhnlichen Beginn des Films kommen die beiden serienübergreifenden Ermittler HK Fritz Dellwo und Oberkommissarin Charlotte Sänger verspätet zum Tatort. Dellwo steckt im Stau, Sängers privater Konflikt wird eingeführt, sie hat eine Sitzung beim Polizeipsychologen. Derweil übernehmen zwei Kriminalassistenten die Tatortuntersuchung und führen die Zuschauer mittels Austausch untereinander in den Fall ein. Die für den Ermittler bestimmten Informationen durch einen Sachverständigen nimmt also die Assistentin Ina Springstub entgegen. Sie ist demnach während der ‚Tatortbegehung' die Akteurin des Aktanten ‚Ermittler' bzw. laut Greimas das ‚Subjekt'. Kurz darauf trifft OK Sänger ein und übernimmt sofort die weitere Befragung der Sachverständigen, in diesem Fall der Pathologin. Das bedeutet, dass innerhalb einer Funktion oder einem Narratem, der Aktant ‚Ermittler' einen Wechsel des Akteurs durchläuft. Die Akteurin Springstub wird, wie die Pathologin, zur Adjuvantin, als OK Charlotte Sänger eintrifft.

Während Propps Modell noch sieben Aktanten enthielt, entwickelte Greimas daraus ein Modell mit nur sechs und später vier oppositionellen Aktanten. Für den *Tatort* scheint sich zunächst das Modell der sechs Aktanten anzubieten, das sich aus dem Subjekt bzw. dem Helden, dem Objekt bzw. der gesuchten Person (oder gesuchten Gegenstand), dem Adjuvanten und Opponenten, sowie dem Adressanten und dem Adressaten konstituiert. Die oppositionellen Relationen scheinen für den *Tatort* ebenfalls gewinnbringend, da er ebenfalls oppositionelle Akteure wie ‚Täter' vs. ‚Ermittler' aufweist. Der Täter verkörpert im Kriminalfilm i.d.R. die Aufhebung der Ordnung, der Ermittler die Wiederherstellung. Bei Ermittlern der ‚old-school' wie Hercoile Poirot in Agatha Christies „The Mysterious Affair at Styles", ist der Auftraggeber des Ermittlers häufig der Ermittler selbst, der aus reiner Neugierde oder Ehrgeiz den Fall löst. Im Polizeikrimi ist es der Beruf, der den Ermittler dazu bewegt den Fall zu lösen. Zwar wird man sich in einigen Fällen darüber streiten können, ob der Kommissar im Laufe der Handlung nicht doch durch ein privates Motiv angetrieben wird. Doch grundsätzlich lässt sich sagen, dass der Ermittler nie in Berührung mit

---

57   Vgl. dazu ebd., S. 163.
58   *Herzversagen*, Frankfurt, 2004.

dem Fall gekommen wäre, hätte der Rechtsstaat oder sein Vorgesetzter nicht den Auftrag dazu gegeben. Ebenso verhält es sich mit dem Adressaten, also dem Empfänger des Objekts. Im russischen Zaubermärchen sind Held bzw. Subjekt und Adressat ein und derselbe Aktant, was Greimas zu der Vermutung bringt, es ließen sich Untergattungen in solchen Varianten erkennen.[59] Für den *Tatort* trifft dies i.d.R. nicht zu, der Ermittler ist nicht der Empfänger des Objekts, da er den Täter (das Objekt) nicht für sich haben will, sondern ihn der Staatsanwaltschaft zuführt. In einer schematischen Darstellung lassen sich die Beziehungen zwischen den Aktanten erläutern und exemplarisch auf die Manifestationsebene des *Tatorts* anwenden:

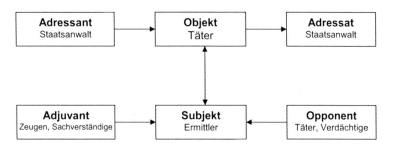

Abb. 2

Die Relation zwischen Subjekt und Objekt ist laut Greimas durch ‚Begehren' gekennzeichnet.[60] Der Ermittler ‚fängt' den Täter, der gleichzeitig als Opponent auftritt, da er sich in den überwiegenden Fällen der Festnahme entziehen möchte. Der Adressant soll laut den Ausführungen von Greimas das Wertsystem angeben, was im *Tatort* dann der Fall ist, wenn man den ‚Staatsanwalt' der Manifestationsebene durch den Sender der abstrakteren Metaebene, nämlich durch

---

[59]   Vgl. Greimas, S. 163.
[60]   Vgl. Greimas, S. 168. Gleichzeitig kann es auch durch „Befürchten"
       gekennzeichnet sein, was für die Täterfigur stimmig ist, die sich der Verfolgung durch den Kommissar bewusst ist.

den ‚Rechtsstaat' ersetzt.[61] Zu den Opponenten gehören der Täter, wie auch alle Verdächtigen, da sie durch den auf ihnen lastenden Verdacht die Ermittlungen verzögern. Der Täter lässt sich nicht aus der Kategorie des Opponenten entfernen, da er sich deutlich „der Realisierung des Begehrens" entgegenstellt.[62] Hier wäre zu überlegen, ob diese Fusion von Objekt und Opponent ein Spezifikum der Gattung ‚Krimi' ist. Ebenfalls kann anhand des Schemas die These von Greimas nachvollzogen werden, dass das Objekt zur „Kommunikation zwischen dem Adressanten und dem Adressaten situiert" ist.[63] Schlicht gefasst, ohne den Auslöser zur Aufhebung der Ordnung, in diesem Fall den Täter, hätten die Staatsanwaltschaft und ebenso der Rechtsstaat hier keine Aufgabe. Anhand der Mehrfachnennungen innerhalb des Schemas wird offensichtlich, dass Greimas Sechs-Aktanten-Modell zwar greift, allerdings viel Spielraum bezüglich der Benennung einzelner Aktanten zulässt. Um diesen Umstand zu verdeutlichen, werden in folgender Tabelle die möglichen Aktanten für die möglichen Untersuchungsebenen der Reihe *Tatort* dargestellt. Es werden die Reihe *Tatort,* der Fall bzw. die Strafverfolgung des jeweiligen *Tatortes* und damit die konkrete Handlung der Folge, der private Konflikt des *Tatort*-Ermittlers und das Motiv des Täters in das aktantielle Modell eingeordnet:

---

61   Ohno, Christine: Die semiotische Theorie der Pariser Schule. Ihre Grundlegung und ihre Entfaltungsmöglichkeiten, Würzburg: Königshausen & Neumann 2003 (=Bd.1), S. 82f.

62   Greimas, S. 163.

63   Ebd., S. 165.

	Reihe „Tatort" (Metaebene)	‚Der Fall' (Objektebene)	‚Privatkonflikt des Ermittlers' (Innenansicht)	‚Motiv des Täters' (Innenansicht)
Subjekt	Ermittler	Ermittler	Ermittler	Täter
Objekt	Täter, Ordnung im Rechtsstaat	Täter	Ordnung im Privatleben	Begehren des Motivs (z.B. Geld, Rache)
Adressant	Zuschauer, ARD	Staatsanwalt, Opfer, Rechtsstaat	Ermittler, Person d. sozialen Umfelds	Motiv (z.B. Habgier, Rachegelüste)
Adressat	Zuschauer	Ermittler („sein Fall")	Ermittler	Täter, Opfer
Opponent	Täter, Unrecht	Täter, Kriminalität	Der Fall, Person d. sozialen Umfelds	Ermittler, Rechtsstaat, Polizeiapparat
Adjuvant	Polizeiapparat, der Fernseher (als Mittel der Kommunikation)	Polizeiapparat	Der Fall, Person d. sozialen Umfelds	Kriminelle Energie

Abb. 3

Die verschiedenen Ebenen und Aktanten lassen auf jeder Ebene mehrere mögliche Akteure zu. Beim Adressaten der Reihe *Tatort* (1. Spalte) steht ‚Zuschauer' als Sammelbegriff für das Fernsehpublikum, sowie die thematisch angesprochenen Gruppen, wie z.B. Senioren beim Tatort *Herzversagen*, in dem es um demografischen Wandel geht. Die Liste ließe sich unendlich weiterführen. Reduzieren ließen sich die Optionen durch eine entsprechend aufwendige Semanalyse aller Akteure und eine Bestimmung der Isotopien. Ausgehend von der grundlegenden Isotopie des *Tatorts* ‚Recht' vs. ‚Unrecht' oder auch ‚Gut' vs. ‚Böse', um den moralischen Aspekt miteinzubeziehen, lässt sich zumindest feststellen, dass die zwei „wirklichen Aktanten"[64] auf der Manifestationsebene des *Tatorts* mit Ermittler (Subjekt) und Objekt (Täter) feststehen. Adjuvanten und Opponenten können zwischen dem Oppositionspaar der grundlegenden Isotopie stehen, um die Erwartungshaltung der Zuschauer zu brechen. Es handelt sich dabei also häufig um Akteure, deren Gesinnung nicht sofort klar ist, wie z.b. der Verdächtige, der am Ende unschuldig ist. Den *Tatort* in ein grundlegendes Aktantenmodell genau einzuordnen, ist also lediglich für einige Akteure und Aktanten möglich. Ein genaueres Modell lässt sich erst für jeden einzelnen Film erstellen, wie auch die Isotopien erst für einzelne Filme spezifiziert werden können.

3.4 Sachfahndung: Zur Beschaffenheit der Funktionen

Das Medium Film gilt als polysem, was bedeutet, dass jeder Film verschiedene Lesarten zulässt. Dieser Umstand resultiert aus der Fülle von visuellen und akustischen Zeichen, die das Medium nutzt. Hinzu kommen die verschiedenen aufeinander aufbauenden Codes, wie kinematografische, filmspezifische, filmische und kulturelle Kodierungen.[65] Gerade dieser Aspekt macht den Umgang mit Film als rein narratives Medium, wie es in der vorliegenden Untersuchung der Fall ist, problematisch. So können einige Narrateme ganze dramaturgische Bögen anstatt einer einzelnen isolierten Handlung enthalten. Das in der Sequenz beschriebene Narratem kann innerhalb seiner zugeschriebenen Funktion Beginn, Höhepunkt und Schluss beinhalten. Zum Beispiel kann in der Funktion „Ermittler in Gefahr" die dem Krimi spezifische ‚suspense' enthalten sein und

---

[64]   Vgl. Ohno, S. 82.

[65]   Vgl. Borstnar, S. 16f.

wird entsprechend innerhalb der Funktion auf- und wieder abgebaut. Genauso können zwei Narrateme durch Aufspaltung in auditive und visuelle Filmsprache innerhalb einer filmischen Sequenz auftauchen und doch zwei Handlungen beschreiben. Ein Narratem kann zudem eine beliebige Länge aufweisen und sich ungefähr zwischen 20 Sekunden und 20 Minuten bewegen. Während die Narrateme von Propp ausschließlich „Funktionen" genannt werden, weil sie dynamische Prädikate bzw. Handlungen beschreiben (z.B. „Dem Held wird ein Verbot erteilt"[66]), unterscheidet Greimas zwischen Funktionen und „Qualifikationen". Letztere sind „statisch" und beschreiben zumeist eine Qualität (z.B. „ist gut").[67] Für den *Tatort* bietet sich diese Unterscheidung zumindest bedingt an, da es aufgrund des filmischen Mediums Elemente gibt, die nicht aktantengebunden sind. Darunter fällt das „Atmosphärische Element", das lediglich eine Emotion oder die Atmosphäre einer Situation abbildet. Dabei kann jeder im jeweiligen Film auftretende Akteur im Mittelpunkt stehen. Die für den *Tatort* isolierten Funktionen und Qualifikationen[68] beschreiben nicht zwangsläufig eine konkrete Handlung, sondern die Essenz der Informationen, die den Zuschauern im Narratem vermittelt werden. So kann ein zweites Verbrechen in all seiner Deutlichkeit gezeigt werden oder nur das Resultat, z.B. eine weitere Leiche. Beide Fälle würden mit der Funktion „Weiterer Tatbestand" beschrieben werden. Claude Bremont, der Propps Modell auf Erzählungen ausgeweitet hat, stellte fest, dass eine Funktion nicht zwangsläufig eine andere nach sich ziehen muss.[69] Ebenso gibt Greimas die feste Chronologie in Propps Funktionsliste auf, was sich für den *Tatort* ebenfalls anbietet.[70] Daher ergibt sich aus den isolierten Narratemen ein Konvolut an ‚Bausteinen', die auf verschiedene Art angeordnet werden können:

---

[66] Propp, S. 32.

[67] Ohno, S. 82.

[68] Der Einfachheit halber soll im Folgenden der Begriff ‚Funktion' für alle Narrateme verwendet werden, so wie Propp es in seiner „Morphologie" tut.

[69] Vgl. Meletinskij, in: Propp, S. 201.

[70] Vgl. Ohno, S. 135.

| Befragung im Milieu 1 | Wissensvorsprung des Zuschauers 1 | Befragung im Milieu 1 | Wissensvorsprung des Zuschauers 2 |

Übergreifende Handlung   Abb. 4

Durch Montage kann eine Funktion von einer anderen unterbrochen werden. In der schematischen Darstellung wird eine zusammengehörige Sequenz der Funktion „Befragung im Milieu" von einer weiteren Funktion durch Parallelmontage unterbrochen und damit geteilt. Ebenso können zwei Funktionen innerhalb einer filmischen Szene bedient werden, z.b. kann innerhalb eines „Austauschs der Ermittler" ein privater Konflikt thematisiert werden:

Abb. 5

In der Münchener Folge *Viktualienmarkt* nutzt KHK Batic die Küche der Polizeikantine, um für einen Kochwettbewerb zu trainieren. Seine Kollegen Leitmeyr und Menzinger stehen dabei und sprechen mit ihrem Kollegen über den Fall. Als KHK Leitmeyr und OK Menzinger gemeinsam bemerken, dass „etwas stinke", bezieht Ivo Batic dies auf den Mordfall und pflichtet ihnen bei: „Sag' ich doch!" Einen Moment später stellt sich heraus, dass Ivos Seeteufel im Ofen verbrannt ist, und seine Kollegen ihn darauf aufmerksam machen wollten.[71] Die zwei Funktionen fusionieren hier, bzw. überlagern sich. Es wäre außerdem möglich, mittels Klammern, übergreifende dramaturgische bzw. zeitlich parallele Handlungen anzuzeigen. In der exemplarischen Analyse wird dies durch Nummerierung angezeigt werden.

---

[71]   *Viktualienmarkt*, München, 2000.

Eine weitere Möglichkeit die Struktur des *Tatorts* zu erfassen, wäre, die alleinige Wissensvermittlung gegenüber dem Zuschauer bezüglich der Lösung des Falles zu isolieren. In diesem Falle wäre das die syntagmatische Ebene der Erzählung, die wie folgt aussehen könnte: (... Hinweis + Hinweis + Verdächtiger 1 wird eingeführt + Verdächtiger 2 wird entlastet + ...) Auf paradigmatischer Ebene stehen die Handlungen, die zu diesen Ergebnissen führen, z.b. die „Befragung im Milieu" oder die „Ermittlungsroutine". Da aber bereits die hier isolierten Funktionen eine eigene paradigmatische Ebene aufweisen, wäre dieses Verfahren vermutlich verwirrend. Daher wird bei den einzelnen Funktionen die syntagmatische Ebene in Klammern in Form von ‚(+Hinweis)' angegeben. Christine Ohno begründet die Möglichkeit Funktionen aufzustellen, damit, dass „[v]erschiedene konkrete Handlungen dieselbe Bedeutung für die Entwicklung der Gesamthandlung haben können".[72] Aus diesem Grund fassen die Funktionen auch die Essenz der Wissensvermittlung um den jeweiligen Aktanten zusammen. Die Funktion „Ermittlungsroutine" liefert hierfür ein Beispiel. Sie umfasst verschiedene Handlungen, wie den Einsatz einer Hundertschaft, eine Observation oder eine Hausdurchsuchung. Diese Handlungen bekommen daher keine eigenen Funktionen zugewiesen, da sie allesamt Handlungen anzeigen, die für den Film lediglich die Anbindung an den Polizeiapparat und dessen Routinen und Möglichkeiten spiegeln. Mit zunehmender Technisierung kann diese Funktion mit immer neuen Methoden der Fahndung gefüllt werden, z.B. mit dem immer mehr in Mode kommenden Profiling. Ganz ähnlich verhält es sich mit der jeweiligen Stadt in der die Handlung spielt. Obwohl der Raum bzw. die regionale Anbindung für den *Tatort* eine große Rolle spielt, bekommt sie keine eigene Funktion. Der Ort scheint nicht inhaltskonstitutiv zu sein und taucht daher zuweilen hervorgehoben im „Atmosphärischen Element" oder auch im privaten Konflikt des Ermittlers auf. So bestätigt es auch Björn Bollhöfer, der in seinem Aufsatz zu Räumlichkeit im *Tatort* schreibt, „der Raum wird entsprechend instrumentalisiert und funktionalisiert".[73]

---

[72] Ohno, S. 135

[73] Bollhöfer, Björn: „Stadtansichten im Tatort. Filmischer Raum und filmisches Image", in: Vogt, S. 133.

4. Funktionsliste

Im Folgenden werden die für den *Tatort* isolierten Funktionen näher beschrieben. Sie werden weitestgehend nach den genannten übergeordneten Krimistrukturen eingeteilt und anhand von Beispielen erläutert. Die Angaben in Klammern zeigen die Abkürzungen an, mit der die Funktionen innerhalb der Untersuchung bezeichnet werden.

4.1 Die Tat und ihre Bedingungen

Die Tat oder ihre Bedingungen werden eingeführt („Einführung Tat") – Diese Funktion taucht in der Regel zu Beginn einer Folge auf. Häufig bestimmt sie die ersten Sequenzen eines *Tatorts*. Konstituiert wird die Funktion durch die Abbildung der Tat selbst, in den meisten Fällen jedoch ohne den Täter zu zeigen, oder durch eine Einführung ins Täter- bzw. Opfermilieu. In den meisten Fällen ist der Ermittler an dieser Stelle noch nicht anwesend, wodurch die Funktion die gleiche Qualität wie der „Wissensvorsprung des Zuschauers" bekommt. Allerdings mit dem Unterschied, dass hier der eigentliche Konflikt oder die Tat selbst eingeführt wird. Dennoch stehen beide Funktionen in engem Zusammenhang. Taucht die Einführung der Tat auf, zieht sie in fast allen Fällen auch das Element des Wissensvorsprungs des Zuschauers im weiteren Verlauf der Folge nach sich. In den meisten der hier untersuchten *Tatorte* wird im Rahmen dieser Funktion der Konflikt im Opfer- bzw. Tätermilieu vermittelt. Ein außergewöhnliches Beispiel liefert der Bremer *Tatort Schatten* von 2002. Hier werden Bilder der 68er-Bewegung zu Beginn der Folge gezeigt. Damit wird der private Grundkonflikt, nämlich ein Rückblick in die Vergangenheit der Ermittlerin Inga Lürsen eingeführt.

Die Leiche wird gefunden („Fund der Leiche") – Das Element steht in der Regel ebenfalls zu Beginn einer Folge. Es kann auf die Einführung der Tat folgen, oder alleine den Beginn der Handlung bilden.

Die für den *Tatort* konstitutive Leiche wird im Rahmen dieser Funktion von einem Außenstehenden oder einer am Konflikt beteiligten Person gefunden. In seltenen Fällen findet auch der Ermittler selbst

Eine Mutter findet die Leiche ihrer Tochter in *Bitteres Brot*

die Leiche, wie z.B. im Konstanz-*Tatort Der Schächter*, in dem Hauptkommissarin Klara Blum die Information bekommt, es müsse irgendwo eine Leiche geben. Sie macht sich auf die Suche und findet schließlich in einem Waldstück die gesuchten menschlichen Überreste. In der Kieler Folge *Stirb und Werde* wird die Leiche einer jungen Pianistin im Abendkleid an einem Flügel in Szene gesetzt von einer Gruppe Musikschüler und deren Lehrerin gefunden.[74] Da die Schülergruppe für den weiteren Verlauf der Handlung irrelevant ist, lassen sich die Finder als Außenstehende bezeichnen. Der *Tatort* Konstanz liefert dagegen ein Beispiel für den Fund durch eine Angehörige. Eine Mutter findet in *Bitteres Brot* ihre Tochter tot im Ofen der eigenen Backstube.[75] Daraus ergeben sich die folgenden drei Varianten der Funktion: 1. Fund durch Außenstehende, 2. Fund durch Angehörige, 3. Fund durch Ermittler. Karikiert wird die Funktion in der Münsteraner Folge *Dreimal schwarzer Kater*, in der zu Beginn des Films zwei Baustellenarbeiter beim Ausheben einer Grube ein Skelett finden und Hauptkommissar Thiel daraufhin zum Tatort gerufen wird. Bei der folgenden Tatortbegehung stellt sich schließlich raus, dass es sich um ein Gerippe aus dem 16. Jahrhundert handelt und es somit keinerlei Anlass für Ermittlungen der Mordkommission gibt. Die eigentliche Leiche, um die es im Film gehen soll, wird erst später gefunden. Der erste Fund leitet lediglich in einen privaten Konflikt von Rechtsmediziner Professor Boerne ein.[76]

---

[74] *Stirb und Werde*, Kiel, 2004.

[75] *Bitteres Brot*, Konstanz, 2004.

[76] *Dreimal schwarzer Kater*, Münster, 2003.

Der Ermittler wird zum Tatort gerufen („Ermittler Tatort") – Der Ermittler wird, häufig während seiner Freizeit und zumeist per Telefon, zum Tatort beordert. Die Wissensvermittlung besteht darin,
dass dem Ermittler der, für die Zuschauer eventuell bereits eingeführte Fall, übertragen wird. Hauptkommissarin Klara Blum wird
z.B. in *Der Name der Orchidee* von ihrem Kollegen Kai Perlmann
beim Eisschießen gestört und zur Tatortbegehung abgeholt.[77] KHK
Thiel wird in *Dreimal schwarzer Kater* an seinem „freien Tag" angeru-
fen und zum Tatort beordert. Außergewöhnlich wird Hauptkommissarin Lindholm in *Sonne und Sturm* zum Fall berufen: Sie erhält
eine anonyme Postkarte mit der Aufschrift „Kommen Sie schnell –
sonst Mord!" und fährt daraufhin nach Nordersiel, um den angeblichen Fall zu lösen.[78] Offensichtlich wird Charlotte Lindholm hier
lediglich zu einem potentiellen Tatort gerufen. Entscheidend ist
aber, dass sie an dieser Stelle der Folge für den Fall zuständig wird
bzw. sich dafür verantwortlich fühlt. Da der Ruf zum Tatort bzw.
die Zuweisung des Falles häufig in außerdienstlichen Situationen
des Ermittlers geschieht, steht die Funktion oft in Zusammenhang
mit dem Element des privaten Konflikts.

Ermittler begeht den Tatort („Tatortbegehung") – Beim Tatort kann es
sich um den Fundort der Leiche oder dem tatsächlichen Ort an dem
die kriminelle Handlung bzw. der Mord stattgefunden hat handeln.
Die Fundstelle der Leiche kann, sofern das in der Einführung der
Tat noch nicht geschehen ist, bereits einen Hinweis auf das Milieu
und damit auf das Thema der jeweiligen *Tatort*-Folge geben. Wird
die Leiche, wie z.B. in *Endspiel* in der Herrendusche eines Fußball-
vereins gefunden, dürfte schnell klar sein, dass KHK Inga Lürsen
auch im ‚Fußballermilieu' ermitteln wird.[79] Genauso kann aber auch
die Identität der Leiche auf das Thema der jeweiligen Folge verwei-
sen. In der Regel treffen die Ermittler am Tatort ein und werden von
einem Adjuvanten, in den meisten Fällen einem Kollegen, über den
Kenntnisstand des Tathergangs und die Identität der Leiche informiert. Sie beschauen die Leiche und entdecken möglicherweise
Hinweise, die für die späteren Ermittlungen von Bedeutung sein

---

[77]   *Der Name der Orchidee*, Konstanz, 2005.
[78]   *Sonne und Sturm*, Hannover, 2003.
[79]   *Endspiel*, Bremen, 2002.

können. Dabei kann es sich um Auffälligkeiten oder Gegenstände handeln, oder gar eventuelle Spuren des Täters. Die Zuschauer werden mittels dieser Funktion mit der gleichen Sachkenntnis wie der Kommissar oder die Kommissarin ausgerüstet. Sie ist außerdem der Startschuss für die darauf folgenden Ermittlungen, weil sie die Fragen „Wer ist tot?", „Wie ist es passiert?" und „Welche Informationen fehlen?" beantwortet. Die Frage nach dem „Wie?" wird noch eingehender im Gespräch mit dem Sachverständigen beantwortet, dennoch bietet die Tatortbegehung einen wesentlichen Umriss des Tathergangs. Beispielsweise wird innerhalb dieser Funktion geklärt, ob das Opfer etwa mit dem berühmten stumpfen Gegenstand erschlagen wurde oder vielleicht ertrunken ist.[80] Außerdem wird in dieser Funktion klar, ob es sich vorrangig um eine Suche nach Täter und Motiv handeln wird, oder ob zuerst weitere Informationen, wie z.B. die Identität der Leiche geklärt werden müssen. So wird im Münchener Tatort *Viktualienmarkt* eine im Steinbruch konservierte Leiche gefunden, deren Identität erst im Laufe der weiteren Ermittlungen festgestellt wird.

Ein Sachverständiger informiert den Ermittler („Info Sachverständiger") – Die genaue Todesursache oder weitere Hinweise zu den Umständen des Delikts werden dem Ermittler mitgeteilt. Das kann zum einen durch Mitarbeiter der Spurensicherung geschehen, oder nach der Obduktion der Leiche durch einen Gerichtsmediziner. Obwohl es sich dabei um zwei verschiedene Formen von Informationen handeln kann, nämlich die genaue Bestimmung der Todesursache bzw. die Bestimmung des Tathergangs, haben beide in der Regel den gleichen Informationswert für Ermittler und Zuschauer. In einigen Fällen kann auch ein Sachverständiger eines völlig anderen Gebietes befragt werden. Im Hamburger Tatort *Feuerkämpfer* befragt KHK Castorff etwa den Brandmeister der zuständigen Feuerwehr, um herauszubekommen, ob es sich bei einem Feuer um Brandstiftung gehandelt hat.[81] Christiane Hartmann stellt dazu fest: „Das Gesamt-

---

[80] Am wahrscheinlichsten ist hier der Tod durch Schussverletzung. Die häufigste Todesursache laut ARD-Ausstrahlung *Das große Tatort-Quiz* vom 6.11.2008 ist Tod durch Erschießen in den bisherigen ca. 700 *Tatort*-Folgen. Christiane Uthemann bestätigt diese Annahme, s. Uthemann, S. 166.

[81] *Feuerkämpfer*, Hamburg, 2006.

bild der Ermittler wird im aktuellen Fernsehkrimi auch dadurch erweitert, dass neben PolizistInnen zunehmend VertretrInnen anderer Berufsgruppen auftreten, zum Beispiel Anwälte, Gerichtsreporter und Psychologen."[82] Besondere Popularität scheint allerdings derzeit der Berufsstand des Gerichtsmediziners zu genießen. In einigen *Tatort*-Städten haben die Gerichtsmediziner ihren festen Platz im Ermittlungsablauf, in Münster beteiligt sich Rechtsmediziner Prof. Boerne stets an den Ermittlungen, wenn auch i.d.R. gegen den Willen KHK Thiels. In Kiel wiederum steht Ermittler Borowski die Kriminalpsychologin Frieda Jung zur Seite. Die Information durch den Sachverständigen findet häufig noch am Tatort statt und steht somit in engem Zusammenhang mit der Tatortbegehung. Sie kann aber auch später, im Präsidium oder im Gerichtsmedizinischen Institut erfolgen. Eine erwähnenswerte Karikatur erfährt diese Funktion im Wiener *Tatort Tödliche Tagung*. Bei dem Opfer handelt es sich um eine junge Ärztin, die während einer medizinischen Tagung tot im Dampfbad eines Hotels aufgefunden wird. Um die Leiche stehen Gäste der Tagung, die alle-

Sachverständige scharen sich um die Leiche in *Tödliche Tagung*

samt in der medizinischen Forschung tätig sind. Als der gerufene Notarzt seine Diagnose stellen will, wird er mehrmals von den anwesenden Kollegen unterbrochen, die sich gegenseitig mit Vermutungen über den Hergang überbieten. Es entbrennt eine recht pietätlos erscheinende Diskussion über die Todesursache des Opfers, die der Notarzt nur durch die offizielle Anordnung einer Obduktion beenden kann.[83]

82   Hartmann, S.131.
83   *Tödliche Tagung*, Wien, 2002.

4.2 Das Privatleben der Ermittler

Der private Konflikt des Ermittlers wird eingeführt („Einführung privater Konflikt") – Neben der Aufklärung des Verbrechens ist im *Tatort* auch das Privatleben der Ermittler von großer Bedeutung. Innerhalb eines Films können ein oder auch mehrere private Konflikte nebeneinander thematisiert werden. Der oder die Ermittler werden sozusagen als ‚Privatmenschen' gezeigt. Dies kann innerhalb einer dienstlichen Situation oder eben tatsächlich im privaten Bereich stattfinden. Besonders häufig taucht das Element zusammen mit dem „Ruf zum Tatort" auf, wenn der Ermittler während seiner Freizeit zum Dienst beordert wird. Bei der Einführung in den privaten Konflikt können z.b. kurze private Sequenzen oder Witzeleien der Kommissare gezeigt werden, wie es häufig beim Münchener Ermittlerteam Batic und Leitmeyr der Fall ist. Es kann aber auch die Einführung eines größeren Konflikts bedeuten, der neben den Ermittlungen durch die gesamte Folge fortgesetzt wird. Ein solcher Konflikt kann außerdem übergreifende Qualität haben und über mehrere *Tatort*-Folgen hinweg fortgesetzt werden. Diese dramaturgisch übergreifenden Elemente der Reihe charakterisieren die Ermittlerfigur und den jeweiligen Ermittlungsort. Ludwig Bauer hält sie für „ein Phänomen, das die Bindung der Rezipienten an diese Folgen erhöht und konventionalisierten Zuschauererwartungen entgegenkommt".[84] Außerdem meint er, sei das Element der wiederkehrenden Ermittlerfigur repräsentativ für die Strukturierungsprinzipien der gesamten *Tatort*-Reihe.[85] So hat Frankfurts Kommissarin Charlotte Sänger seit der Folge *Das Böse* mit der Verarbeitung der Ermordung ihrer Eltern zu kämpfen.[86] In darauf folgenden Filmen wird die psychische Belastung Sängers immer wieder durch Kollegen oder Vorgesetzte thematisiert.[87] Beim Münchener Ermittlerteam war Kriminaloberkommissar Carlo Menzinger

---

[84]   Bauer, S. 101.

[85]   Ebd.

[86]   *Das Böse*, Frankfurt, 2003.

[87]   Im Fall *Janus* (2004) erfolgt der ‚Ruf zum Tatort' während der Trauerfeier für Charlotte Sängers Eltern. Im jüngsten Frankfurter *Tatort Der tote Chinese* (2008) wird der Tod der Eltern erneut in einer Parallele zum Fall thematisiert. Das Motiv der Täterin in dieser Folge ist Rache am Mörder ihrer Eltern.

von 1993 bis 2007 für die ‚administrativen Arbeiten' zuständig und wurde von seinen Kollegen Batic und Leitmeyr gerne verspottet. Während den Ermittlungen in *Der Traum von der Au* stellt sich heraus, dass Menzinger einen Lottogewinn gemacht hat und daraufhin seine Arbeit kündigt.[88] Bei seinem letzten Auftritt ist es somit einmal an ihm sich über die Kollegen lustig zu machen. Eine weitere Möglichkeit des privaten Konflikts liegt in einer deutlichen Parallele zum Fall. So geht es in *Todesbrücke* im privaten Bereich um Kommissar Starcks Lebensmodell des alleinerziehenden Vaters, während die Ermittlungen ebenfalls um einen alleinerziehenden Vater kreisen.[89] Die Thematik der Straftat wird damit im privaten Bereich aufgegriffen.

Der private Konflikt des Ermittlers wird fortgesetzt („Fortsetzung privater Konflikt") – Mit diesem Narratem wird dem zuvor eingeführten Konflikt der Ermittlerfigur eine weitere Information hinzugefügt. Die Fortsetzung des privaten Konflikts taucht niemals ohne die vorherige Funktion der Einführung auf. Auch Handlungen von folgenübergreifenden Geschichten werden in der Regel in jeder Folge abermals soweit eingeführt, dass ein unwissender Zuschauer die Vorgeschichte erahnen kann. Die beiden Funktionen bedingen sich demzufolge gegenseitig und tauchen in den untersuchten Folgen, bis auf eine Ausnahme, stets gemeinsam auf.

Der private Konflikt des Ermittlers wird gelöst („Lösung privater Konflikt") – Die Handlung auf der Privatebene wird dramaturgisch abgeschlossen. Dabei kann der eingeführte Konflikt tatsächlich eine Lösung durch eine neue Wendung bekommen, er kann aber auch lediglich von einem der betreffenden Aktanten abschließend kommentiert werden. Im Kieler Fall *Stirb und Werde* lässt sich Kommissar Borowski teils von seinem Vorgesetzten, teils durch sein Interesse am Fall dazu bewegen, den geplanten Urlaub mit seiner Tochter zu verschieben. Diese lebt bei ihrer Mutter und fährt wutentbrannt mit dem Zug zurück, nachdem ihr Vater sie um Verständnis für die Verzögerung gebeten hat. Im Verlauf der Handlung wird immer wieder deutlich, dass Borowski deshalb ein schlechtes Gewissen hat.

---

[88]   *Der Traum von der Au*, München, 2007.
[89]   *Todesbrücke*, Berlin, 2005.

Nach Abschluss der Ermittlungen steht er mit seiner Kollegin Frieda Jung im Büro und wird gefragt, ob seine Tochter sich inzwischen wieder bei ihm gemeldet hätte. Der sonst eher verschlossene Kommissar gibt daraufhin die von seiner Tochter erhaltene SMS wieder: „Sie hasst mich." Darauf die Kriminalpsychologin: „Gut. Ein Anfang." Die Handlung wird durch das Gespräch abgeschlossen und bleibt gleichzeitig offen für eine folgenübergreifende Darstellung. Besonders häufig werden die Privatkonflikte zum Ende der Handlung, nach gelöstem Fall, in einer letzten Sequenz abgeschlossen. Sie können aber auch bereits in den ersten Minuten des Films gelöst werden.

Der private Konflikt des Ermittlers überschneidet sich mit dem Fall („Privatleben : Ermittlungen") – Im Verlauf des privaten Konflikts kann es zu einer Überschneidung zwischen der Ebene der Ermittlungen und der des Privatkonflikts kommen. Dies kann bedeuten, dass z.B. eine in die Ermittlungen involvierte Figur plötzlich auch im Privatleben des Ermittlers eine Rolle spielt. Ebenfalls möglich wäre eine Überschneidung der Thematiken der zwei Ebenen. An einer solchen Stelle wird im strukturalistischen Sinne die Isotopie des jeweiligen *Tatorts* lesbar. Hatten die zwei Handlungsfelder um die Ermittlungen und um die Figur des Ermittlers bisher voneinander unabhängige Isotopien, werden diese nun zu einem gemeinsamen ‚roten Faden' verknüpft. Diese Überschneidung kann gegen Ende der Folge stattfinden, den Privatkonflikt dramaturgisch abschließen und damit die Lösung des Privatkonflikts ersetzen. Trotzdem können auch beide Funktionen einander ergänzend innerhalb eines *Tatorts* zu sehen sein. Die Funktion kann ebenso zu Beginn oder während der Handlung auftauchen und eine direkte Verknüpfung zwischen Privatleben und Dienst anzeigen. Im Tatort *Schatten* wird z.B. direkt zu Beginn deutlich, dass Kommissarin Lürsen offenbar selbst in den Fall involviert ist.[90] Ein gutes Beispiel für die Überschneidung am Ende liefert *Bienzle und der süsse Tod*. Zu Beginn wird Kommissar Bienzle im privaten Bereich mit einem Hund konfrontiert, den er schnellstmöglich wieder loswerden möchte. Zum Ende der Ermittlungen gerät KHK Bienzle in lebensbedrohliche Gefahr und wird bewusstlos von dem zufällig anwesenden Hund in letzter Minute

---

[90]   *Schatten*, Bremen, 2002.

gerettet.[91] Der Bernhardiner, der vorher lediglich eine Rolle auf der privaten Ebene spielte, ist von da an in den Fall involviert. Entsprechend ändert der Kommissar am Ende auch seine Meinung über das Tier. Im Fall *Herzversagen* muss eine Mordserie an Rentnerinnen aufgedeckt werden. Besonders hervorgehoben wird dabei die Thematik der demographischen Entwicklung in der Bundesrepublik und die soziale Ausgrenzung von älteren Menschen. In einem Zwischenfall wird Oberkommissarin Charlotte Sänger auf der Straße von einer alten Dame, die aus dem Fenster gestikuliert, in eine Wohnung gelotst. Dort stellt sich heraus, dass der Dame das Gebiss unter das Bett gefallen ist und von ihr alleine nicht mehr geborgen werden kann. Sänger hilft der Dame aus und wird in dieser Szene offenbar fernab von der Mordserie, erneut mit sozialer Armut älterer Menschen konfrontiert. In einer späteren Szene wird die Kommissarin zu einem Tatort gerufen, dessen Opfer eben diese alte Dame ist. Die zwei Handlungsstränge verbinden sich hier und deuten eine, sich durch die gesamte Handlung ziehende, Isotopie an.

4.3   Die Ermittlungen

Ermittler besichtigen die Lebensumstände eines Beteiligten („Besichtigung Lebensumstände") – In den meisten der untersuchten *Tatorte* schließen die Ermittler eine Besichtigung der Wohnung des Opfers an die Tatortbegehung an. Ähnlich wie bei der Tatortortbegehung werden hier grundlegende Informationen zu Opfer oder Täter an Ermittler und Zuschauer vermittelt. Häufig werden Hinweise gefunden, die auf den Tathergang oder das Motiv des Täters schließen lassen. Außerdem werden die Zuschauer durch die Darstellungen von Lebensräumen näher in das Milieu der Tat eingeführt. In der Regel sind es die Lebensumstände des Opfers, die besichtigt werden, um nähere Informationen zum Tatablauf und zur Person zu sammeln. In seltenen Fällen können es auch die Lebensumstände des Täters sein, die besichtigt werden. Dies geschieht allerdings äußerst selten, weil der Täter hierzu bekannt sein muss und die meisten *Tatorte*

---

[91]   *Bienzle und der süsse Tod*, Stuttgart, 2002.

ihren Täter erst am Ende preisgeben. Im Münchener Fall *Ein mörderisches Märchen* ist es die Wohnung des Täters, die zum Mittelpunkt des gesamten Films wird. Ein Schreiner, der in der Nachbarschaft als Märchenerzähler bekannt ist, wird festgenommen. Während seiner Haft gibt er den zwei Kommissaren Rätsel auf, die sie zu einem von ihm entführten Kind führen sollen. Dabei müssen die Kommissare immer wieder in die Wohnung des exzentrischen Schreiners, um dort nach weiteren Spuren oder Lösungen zu suchen. Streng genommen handelt es sich bei der Wohnung offensichtlich um die des Täters. Zum Ende der Folge hin wird allerdings deutlich, dass der Täter selbst ein Opfer ist und die Polizisten lediglich auf die Spur seiner eigenen Leidensgeschichte bringen will. Die Informationsvergabe des Elements bleibt die gleiche. Entscheidend für die Funktion ist dementsprechend nicht die Zugehörigkeit des jeweiligen Wohnraumes oder Milieus, sondern das Finden von Indizien, die die Ermittlungen weiterführen.

Der Ermittler informiert Angehörige („Informierung der Angehörigen") – Im Anschluss der Einführung der obligatorischen Leiche im *Tatort*, kommt es in einigen Fällen vor, dass der oder die Ermittler die Aufgabe bekommen, Angehörige über den Tod des Opfers zu informieren. Das Element dient häufig zur weiteren Einführung des Milieus aus dem das Opfer stammt, sowie zum Einführen von Tatverdächtigen. Häufig folgt darauf eine Befragung des jeweiligen Angehörigen oder eine Besichtigung der Lebensumstände.

Ein Adjuvant identifiziert die Leiche („Identifizierung der Leiche") – Die Identität kann durch einen Angehörigen oder Zeugen festgestellt oder bestätigt werden. Solche Sequenzen finden fast ausschließlich vor dem Hintergrund des jeweiligen pathologischen Instituts statt und im Beisein des zuständigen Rechtsmediziners. Zeugen oder Angehörige betreten das Institut, eine Plane wird von der Leiche gezogen, Angehörige oder Zeugen betrachten diese und bestätigen in den meisten Fällen die Identität des Opfers. Häufig folgt darauf eine Befragung oder die Information durch den Sachverständigen, in diesem Falle dem Pathologen.

Der Ermittler besucht die Beerdigung des Opfers („Beerdigung des Opfers") – In seltenen Fällen wird im *Tatort* die Beerdigungs- oder Trauerfeier des Opfers gezeigt an der ein oder mehrere Ermittler teilnehmen. Die Reaktion der Angehörigen und unter Umständen Tatverdächtigen kann hier von Ermittler und Zuschauer wahrgenommen werden. Eventuell werden auch neue Tatverdächtige eingeführt oder eben alle unter Verdacht stehenden an einem Ort versammelt. Häufig folgt auf die Beerdigung eine Befragung der Anwesenden durch die Ermittler. In *Elvis lebt* wird die Beerdigung dazu genutzt, die sich gegenüberstehenden Lager zu verdeutlichen, in diesem Fall der Bürgermeister und eine eher unkonventionelle Familie.[92] Offenbar dient diese Funktion also dazu näher in das Milieu der Tatverdächtigen einzuführen.

Ermittler befragt involvierte Personen („Befragung im Milieu") – Die Kommissare suchen im Verlauf einer Folge verschiedene Personen auf, die mit dem zu ermittelnden Fall in Zusammenhang stehen. Diese werden im Rahmen der Ermittlungen schließlich zum jeweiligen Fall befragt. Das geschieht in der Regel im Milieu des Täters oder des Opfers. Durch die föderale Gliederung des *Tatorts* kann alleine ein Ausschnitt der betreffenden Stadt das Milieu schon ausmachen. Während dieser Befragungen können den Ermittlern und den Zuschauern Hinweise zur Lösung des Falles vermittelt werden (+Hinweis). Dies kann aber auch nicht der Fall sein, d.h. ein Kommissar kann aus einer Befragungssituation auch leer ausgehen. Die Befragung unterscheidet sich außerdem in ihrem jeweiligen Adressaten. Sie kann an einen Verdächtigen gerichtet sein, es kann ein Zeuge befragt werden und es kann ein Zeuge oder Verdächtiger auf den Kommissar zukommen. Im letzten Fall wird ein Hinweis an die Ermittler herangetragen, die damit zum Adressaten werden. In *Und dahinter liegt New York* nehmen die beiden Münchener Kommissare Batic und Leitmeyr einen jugendlichen Zeugen im Auto mit.[93] Dieser erweist sich als recht schwatzhaft und teilt den Beamten ahnungslos Informationen zum Hauptverdächtigen mit. Ohne es zu wissen trägt der junge Mann Hinweise an die Ermittler heran. Die

---

92   *Elvis lebt*, Wien, 2001.
93   *Und dahinter liegt New York*, München, 2000.

Befragung taucht in jedem *Tatort* auf und macht einen großen Anteil innerhalb der Aufklärungen der Fälle aus.

Der Ermittler nimmt an einer Pressekonferenz zum Fall teil („Pressekonferenz") – Zum Leidwesen der *Tatort*-Kommissare werden in einigen Folgen Pressekonferenzen einberufen, an denen die jeweils ermittelnden Beamten teilzunehmen haben. Häufig werden diese Pressekonferenzen dazu genutzt einen Konflikt mit der Presse oder einen öffentlichen Konflikt darzustellen. Dabei kann es sich um eine Kontroverse mit einem konkreten Pressevertreter handeln oder um ein Hadern der Ermittler mit der öffentlichen Meinung. Es können allerdings auch Spannungen mit einem Vorgesetzten o.ä. dargestellt werden. Zusätzlich werden Pressekonferenzen seitens der Kommissare häufig als Zeitverschwendung gesehen, da die Beamten lieber ‚frei' ermitteln, als die Routinen des Polizeiapparates zu bedienen. Es findet so eine Einbindung der individuell ermittelnden Kommissare in institutionelle Rahmenbedingungen statt. Die als Hauptfiguren angelegten Kommissare, werden mit dem bürokratischen Polizeialltag vernetzt.

Der Ermittler tauscht sich aus („Austausch Ermittler") – Da die *Tatort*-Filme keine inneren Monologe der Beamten zeigen, müssen dem Zuschauer die Gedankengänge der Kommissare anderweitig mitgeteilt werden. In der Regel treffen sich dafür die jeweiligen Ermittler z.B. im Präsidium, aber auch an öffentlichen Orten oder bei einem Beamten Zuhause. In Ludwigshafen und Frankfurt wohnen die Kollegen sogar zusammen, was den Austausch besonders einfach macht.[94] Bei den wenigen Ermittlern, die (noch) nicht im Team arbeiten, wie Klaus Borowski in Kiel oder Charlotte Lindholm in Hannover, springen für diesen Zweck entweder wechselnde Kollegen oder auch Freunde oder Familienangehörige ein. Der Wiener Chefinspektor Eisner bespricht jeden Fall mit seiner Tochter, Charlotte Lindholm hat für diesen Zweck einen ihr ergebenen Mitbewohner und Klaus Borowski seine Kollegin und Psychologin Frieda

---

[94]   Lena Odenthal und Mario Kopper (Ludwigshafen) wohnen seit *Der schwarze Ritter* (2000) zusammen. Fritz Dellwo und Charlotte Sänger haben über mehrere Folgen zusammen im Haus von Charlottes verstorbenen Eltern gewohnt.

Jung. Der oder die Ermittler können in einer Art Botenbericht im Gespräch mit ihrem Partner Ergebnisse von Befragungen und Ermittlungsroutinen besprechen, die für die Zuschauer nicht sichtbar waren. Es können außerdem Vermutungen angestellt oder Fragen aufgeworfen werden. In erster Linie werden mittels dieser Funktion nicht inszenierte Hinweise an die Zuschauer vermittelt, so dass sie stets auf dem gleichen Wissensstand wie die Ermittler sind.

Der Ermittler erkennt plötzlich einen wichtigen Zusammenhang („Aha-Moment") – Der Zeitaufwand der Sequenzen, die diese Funktion bedienen, dürfte der Kürzeste der vorliegenden Liste sein. Der Ermittler erfährt in einem Gespräch o.ä. eine weitere Information oder setzt bereits erhaltene zusammen und hat plötzlich, geistesblitzartig, die Lösung des Falles vor Augen. Im schauspielerischen äußert sich dies häufig nur durch einen Moment des in die Luft Starrens und des Schwei-

Kommissare Leitmeyer und Batic in
Nur ein Spiel

gens. Dennoch zeigt eine solche Sequenz einen wichtigen Baustein im System an. Auch für die Zuschauer bedeutet es entweder den Moment des Verstehens oder den Moment in dem der Kommissar oder einer der Beamten ermittlungstechnisch überlegen ist. In Ermittlerteams kann dieser „Aha"-Moment auch durchaus von beiden Ermittlern gleichzeitig erlebt werden, wie dies z.B. bei Ivo Batic und Franz Leitmeyr in *Nur ein Spiel* der Fall ist. Beim recherchieren auf einer Landkarte bemerkt Ivo, dass in der Nähe des *Tatortes* ein Flugplatz für Privatflugzeuge liegt und der Hauptverdächtige vermutlich ein Privatflugzeug besitzt. Die beiden schauen sich daraufhin wortlos an und verlassen gemeinsam das Büro.[95] Wohin die beiden unisono gehen, erfahren die Zuschauer erst in der darauf folgenden Szene. Batic und Leitmeyr können ihre Ermittlungen fortsetzen, ohne das weitere Vorgehen besprechen zu müssen, da beide den Fall zeitgleich gelöst haben.

---

[95] *Nur ein Spiel*, München, 2005.

Der Ermittler erläutert das Vorgehen im Ermittlungsverfahren („Erläuterung Ermittlung") – Da die anfallenden Aufgaben einer Strafverfolgung von einem Ermittler nicht einmal im *Tatort* alleine bewältigt werden können, vergeben Ermittler häufig Aufträge an Kollegen. Dazu werden die anfallenden Ermittlungsaufgaben gesammelt und aufgeteilt. Es kann auch bedeuten, dass der leitende Kommissar eine Fahndung ausschreibt oder erläutert wie er oder sie selbst vorzugehen plant.

Der Ermittler ermittelt unter einer anderen Identität („Verdeckte Ermittlung") – Die *Tatort*-Kommissare haben lange vor Cenk Batu verdeckt ermittelt. In einigen Folgen geben sich ein oder mehrere Ermittler eine falsche Identität, um Informationen aus dem Tätermilieu zu erhalten. Dies geschieht häufig spontan und gegen den Willen des Vorgesetzten, manchmal aber auch gegen den Willen des Beamten selbst. Trotzdem besteht der weitere Verlauf der Ermittlungen weiterhin aus Befragungen und dem Sammeln von Hinweisen. In *Janus* gibt sich Charlotte Sänger als neue Schulpsychologin aus und tritt damit die ehemalige Stelle des Opfers an.[96] Dabei gewinnt sie Einblicke in das Kollegium der Schule und findet dadurch den Täter. In einigen Filmen wird das Annehmen einer falschen Identität auch als Gag genutzt, z.B. wenn Charlotte Lindholm ihren Mitbewohner überredet, sich als zahlungswilliger Junggeselle bei einer Partneragentur auszugeben oder Carlo Menzinger als recht unbeholfener Statist in einer Daily-Soap-Produktion mitwirkt.[97]

Der Ermittler rekonstruiert den Tathergang („Rekonstruktion Tathergang") – Um den Straffälligen zu überführen und den Zuschauern den Handlungsablauf näher zu bringen, stellen die Ermittler den Gang der Handlung oder die Entstehung des Motivs nach. Dies kann rein verbal im Zuge eines Verhöres geschehen, in manchen Fällen kann es aber auch das tatsächliche Nachspielen der Tat mit Kollegen und Involvierten bedeuten. Im Medium Film bieten sich

---

[96]   *Janus*, Frankfurt, 2004.

[97]   Vgl. *Lastrumer Mischung*, Hannover, 2002 u. *Einmal täglich*, München, 2000.

außerdem Rückblenden an, in denen die Tat, zumeist gegen Ende des Films, noch einmal in voller Länge dargestellt wird. Ein klassisches Beispiel dafür ist die Rekonstruktion der Tat durch KHK Castorff in *Liebeshunger*.[98] Er geht mit dem Sohn einer getöteten Frau zurück zum Tatort und spielt mit ihm die Tat nach. Durch den entstehenden psychischen Druck gesteht der Junge am Ende, das Verbrechen begangen zu haben. Der Münchener *Tatort Sechs zum Essen* dagegen rekonstruiert die Tat für die Zuschauer in Rückblenden, in denen am Ende die zuvor nur angedeutete Tat in voller Länge gezeigt wird. Oberflächlich gesehen finden solche Nachstellungen statt, damit der ermittelnde Beamte Thesen untermauern oder erläutern kann. Für die Zuschauer sind diese Sequenzen allerdings wichtig, um die Zusammenhänge der gesammelten Hinweise nachvollziehen zu können. So kann ein Zuschauer einen Abgleich mit seinen eigenen möglichen Vermutungen machen oder erneut feststellen, dass ihm der Ermittler voraus ist.

Der Ermittler äußert einen Verdacht („Ermittler äußert Verdacht") – Nicht jeder der *Tatort*-Kommissare ist ein Hercoile Poirot oder Sherlock Holmes, der seinen Verdacht bis zum Schluss für sich behält. Die Beamten äußern im Verlauf der Handlung mindestens einmal einen Verdacht. Dies kann eher zum Ende der Folge hin sein und die Festnahme einläuten, es kann aber auch eher zu Beginn der Handlung stattfinden und eventuell einen red herring für die Zuschauer auswerfen. Bei Ermittlerteams kommt es häufig vor, dass beide Beamte unterschiedliche Vermutungen haben, womit gleichzeitig für die Zuschauer mehr Verdachtsoptionen entstehen. Solche Mutmaßungen äußern die Ermittler in verschiedensten Situationen, häufig während des Austausches mit den Kollegen. Der Verdacht kann sowohl den Täter nennen, als auch das Motiv und den Hergang der Straftat einbeziehen.

Der Ermittler führt eine routinemäßige Fahndungsmaßnahme durch („Ermittlungsroutine") – Ebenso kann der Ermittler eine solche Maßnahme auch von einem oder mehreren Kollegen durchführen lassen. Aus solchen Ermittlungsroutinen geht immer ein neuer Hinweis hervor. Unterschieden wird zwischen Observation, Raster-

---

[98]   *Liebeshunger*, Hamburg, 2007.

fahndung, Recherche (Internet, Anwohnermeldeamt etc.), Phantombilderstellung, Hausdurchsuchung, Suchmaßnahmen unter Einbezug der Bereitschaftspolizei und das zufällige Wahrnehmen eines Hinweises. Diese durchaus unterschiedlich erscheinenden Maßnahmen sind individuell für den Kriminalfilm eher unerheblich. Sie tragen in erster Linie den Nutzen, einen Authentizitätscharakter für die polizeiliche Arbeit im Film zu schaffen. Wie bei der Pressekonferenz findet hier eine Anbindung an den Polizeiapparat statt und die Ermittlungen werden in den Kontext der Institution Kriminalpolizei gebettet. Daher werden diese Fahndungsmaßnahmen unter den Titel ‚Routine' gestellt, denn sie zeigen Handlungen, die scheinbar zum Polizeialltag gehören. Allerdings ist hier nicht die Routine eines tatsächlichen Polizeibeamten gemeint, sondern die eines Fernsehkommissars. Spektakuläre Auftritte sind dementsprechend in der Ermittlungsroutine eingeschlossen.

4.4 Dramaturgische Elemente

Informationen zur Tat werden vermittelt ohne anwesenden Ermittler (*„Wissensvorsprung des Zuschauers"*) – Die vorwiegend ermittlerzentrierte Erzählperspektive in den Filmen der *Tatort*-Reihe wird durch diese Funktion aufgeweicht. Das Element beschreibt Sequenzen der Handlung, in der kein Aktant anwesend ist, der die vermittelten Informationen für das Vorantreiben der Ermittlungen verwenden könnte. Es werden lediglich Informationen für die Zuschauer vermittelt. Damit zeigt die Funktion im Regelfall eine auktoriale Erzählhaltung an. Bei den Informationen kann es sich um sachdienliche Hinweise handeln, die dem Zuschauer die Möglichkeit geben, den Fall noch vor dem Kommissar zu lösen. Eventuell handelt es sich aber auch um eine falsche Fährte, die gelegt wird. In diesem sehr häufigen Fall bleiben die Zuschauer, wenngleich unbewusst, auf dem gleichen Wissensstand des jeweiligen Ermittlers. Im Fall *Blaues Blut* mit den Kommissaren Stoever und Brockmüller tritt eine solche falsche Fährte auf: Von der Ermordung einer Journalistin existiert ein Videoband, weil das Opfer während der Tat zwecks Recherche eine Kamera bei sich trug. Da in einer Sequenz gezeigt wird, wie der Ehemann der Frau das Videoband anschaut, könnte die Vermutung entstehen, dass er der Täter ist. Die Zuschauer könnten denken, sie wären den Ermittlern an dieser Stelle voraus. In einer der nächsten Szenen finden die Beamten das Band beim Ehemann und stellen ihn zur Rede. Als er behauptet, er hätte das Band zugespielt bekommen –dieser Umstand wurde den Zuschauern bereits vorher deutlich gemacht– trumpfen die Ermittler mit dem Hinweis auf, dass es angeblich Zeugen gibt, die ihn am Tatort gesehen haben. Damit ist der Wissensvorsprung den die Zuschauer gegenüber den Ermittlern hatten, gedreht worden. Der Verdächtige gesteht daraufhin, die Leiche gesehen zu haben, aber nicht an der Tat beteiligt zu sein. Damit stellt sich die gesamte vorherige Sequenz als red herring heraus. Besonders häufig werden in dieser Funktion Gespräche zwischen Verdächtigen oder Angehörigen des Tätermilieus dargestellt. Der Wissensvorsprung wird durch die Funktion ‚Einführung Tat' bedingt. Gibt es eine Einführung der Tat, die streng genommen ein Wissensvorsprung ist, gibt es auch den Wissensvorsprung im weiteren Verlauf. Während in den meisten Fällen die Ermittlerfiguren nicht am Ort der Handlung anwesend sind, gibt es daneben in nur seltenen Fällen Sequenzen, in denen ein Ermittler zwar vor Ort ist, aber eine bestimmte Handlung eines Beteiligten nicht wahrnimmt. In *Der Name der Orchidee* gießt Assistentin Beckchen im Beisein der Kommissare eine Blume, die Kollege Perlmann vom Tatort mitgebracht hat. Dies geschieht gegen Ende der Folge, nachdem die seltene Orchidee, der „Rote Frauenschuh", verschwunden scheint. Während Beckchen die blaue Topfblume gießt, läuft dabei dunkle Tinte aus der Blumenerde. Den aufmerksamen Zuschauern dürfte an dieser Stelle klar sein, dass die kostbare Pflanze nicht verloren, sondern durch Zufall auf Beckchens Schreibtisch gelandet ist, da sie zur Unkenntlichkeit eingefärbt wurde. Beckchen ist es peinlich, den Schreibtisch verunreinigt zu haben und wirft die Orchidee achtlos in den Müllsack der Reinigungskraft. Die Kommissare nehmen davon keine Kenntnis, und ausschließlich die Zuschauer wissen, wo sich die begehrte Orchidee nun befindet.

Atmosphärisches Element – Eine Sequenz die sich äußerlich durch atmosphärestiftende Musik auf der Tonebene auszeichnet. Das Element kann Ermittler, aber auch Verdächtige oder Opfer als Protagonisten zeigen. Die Sequenz beschreibt einen Moment, in dem i.d.R. keine Dialoge stattfinden und der Akteur beispielsweise aufs offene Meer oder in die Weite des Himmels starrt. Auf der Bildebene wird zumeist rein gestisch argumentiert, eventuell unterstreichen entsprechende Kulissen die Wirkung. Die einzige Information die in dieser Funktion vermittelt wird, ist die Stimmung, die einer Figur oder einer Situation zugeschrieben wird. Stimmungsevozierende Momente im Film sind nichts Außergewöhnliches. Sie tauchen immer wieder auf, um eine atmosphärische Grundstimmung zu schaffen. Die Besonderheit dieser Funktion liegt darin, dass sie ausschließlich eine Emotion abbildet und keinerlei weitere Informationen vermittelt. Im *Tatort* machen es diese Sequenzen außerdem möglich, das Thema einer Folge auf einer emotionalen Ebene zu betrachten. Z.B. kann durch ein solches Element eine Figur konstituiert werden, die Mitleid evozieren soll. In seltenen Fällen kann z.B. ein Radiomoderator gezeigt oder aus dem Off eingespielt werden, der eine bestimmte Stimmung abbildet, indem er einen heißen Sommertag o.ä. kommentiert, und damit eine bestimmte Atmosphäre schafft.

4.5 Das Zuspitzen der Ermittlungen

Der Ermittler begibt sich in Gefahr ("Ermittler in Gefahr") – In einigen Fällen kommt es vor, dass ein oder mehrere Beamte sich während ihrer Ermittlungen in gefährliche Situationen begeben. Das kann bedeuten, dass unerwartet eine Bedrohung auf den Kommissar zukommt oder, dass dieser sich mit Vorsatz in eine gefährliche Situation begibt. Dank dem Medium Film gibt es außerdem Situationen in denen der Ermittler vom drohenden Unheil keine Ahnung hat. Nur die Zuschauer können dann sehen und durch entsprechende Begleitmusik erahnen, dass Schwierigkeiten nahen. In *Bitteres Brot* versucht Hauptkommissarin Blum ein junges Mädchen zu retten, das in einer Mehlkammer eingeschlossen wurde. In einer Parallelmontage sehen die Zuschauer wie der Täter hinter Klara Blum die Treppe heraufeilt. Blum ahnt nichts davon und nur die Zuschauer können die nahende Bedrohung wahrnehmen. Hier würde ausnahmsweise eine Parallelmontage durch einen Handlungsterm beschrieben werden, die sich aus einem Wissensvorsprung der Zuschauer (dem nahenden Täter) und der Verhinderung eines weiteren Tatbestands (Befreiung aus der Mehlkammer) zusammensetzt.

Der Ermittler verstößt, um seine eigene Ermittlungstaktik durchzusetzen, gegen eine Vorschrift ("Verstoß gegen Vorschrift") – Der Begründer dieser Funktion dürfte die Figur des Kriminalkommissars Schimanski sein, was Bauer wie folgt ausdrückt: „Der Figur Horst Schimanski haftet der Regelverstoß als Charaktermerkmal an."[99] Doch auch gegenwärtige Kommissare kommen bisweilen in Situationen, die einen Verstoß gegen Vorschriften zumindest moralisch rechtfertigen. Historisch betrachtet wäre gerade diese Funktion besonders interessant, da in ihr der charakterliche Wandel der Ermittlerfiguren zum Ausdruck kommt. Der Beamte setzt sich über die Regeln der institutionalisierten Strafverfolgung hinweg oder modifiziert sie zu seinen Gunsten. Das bedeutet, dass der Beamte sich hier, in Opposition zu der Funktion der Ermittlungsroutine, vom Polizeiapparat entfernt und einen Regelverstoß mit der Aufdeckung einer größeren Straftat rechtfertigt. Die Ermittlerfigur erhält dadurch einen individuellen Charakter und bietet eventuell mehr Identifikationspotential. Die Funktion kann in Opposition zur „Behinderung des Ermittlers" stehen, indem der Ermittler sich durch einen Verstoß gegen die Vorschrift, der Behinderung seiner Ermittlung entledigt. Dies geschieht z.B. im Bremer *Tatort Schatten*, in dem Inga Lürsen suspendiert wird und entgegen dem Verbot weiter ermittelt. Zugleich verstößt ihr Kollege Stedefreund gegen eine Anordnung, indem er der Kommissarin Informationen zuspielt, die nach ihrer Suspendierung für sie nicht mehr zugänglich sein dürften. Hier geschieht der Regelverstoß aus Loyalität. Ebenso kann er auch in einer übereilten Handlung bestehen, wie z.B. in der Durchführung von nicht genehmigten Hausdurchsuchungen, wie sie KHK Holicek aus Hamburg notorisch vornimmt.[100]

Ein weiterer Tatbestand wird eingeführt ("Weiterer Tatbestand") – Straftaten scheinen häufig weitere Straftaten nach sich zu ziehen. Ein weiterer Tatbestand, z.B. ein erneuter Mord, kann durch das erneute

---

99   Bauer, S. 126.
100   Z.B. *Feuerkämpfer*, Hamburg, 2006.

Vorkommen der Funktionen ‚Fund der Leiche', ‚Ruf zum Tatort' und ‚Tatortbegehung', idealtypisch in dieser Reihenfolge, eingeführt werden. Beim Tatbestand kann es sich aber auch um einen Anschlag, Diebstahl, Körperverletzung oder vielleicht eine Entführung handeln. In *Stirb und Werde* muss KHK Borowski beispielsweise den Mörder von vier Leichen aufspüren, es kann also durchaus mehrere Opfer und Straftaten innerhalb eines *Tatorts* geben. Diese können immer durch den gleichen Täter verursacht werden oder sie machen Ermittlungen nach verschiedenen Delinquenten nötig. Dies eröffnet dem *Tatort* z.B. die Möglichkeit einen Serienmörder oder kompliziertere Tatmotive zu beschreiben. Der weitere Tatbestand kann damit einen weiteren Ermittlungszweig öffnen, dem die Ermittler nachgehen müssen.

Der Ermittler verhindert einen weiteren Tatbestand („Verhinderung weiterer Tatbestand") – In manchen Fällen lässt sich eine weitere Straftat oder die Schädigung eines Opfers durch die Ermittler verhindern. Dabei kann unterschieden werden zwischen der Rettung eines weiteren Opfers, der Täter wird vom Selbstmord abgehalten oder der Täter wird von einer weiteren Tat abgehalten. Häufig handelt es hierbei um dynamische Sequenzen in der Filmhandlung, z.B. wenn die Kommissare Batic und Leitmayr in letzter Minute ein verschwundenes Mädchen finden und vor dem Ertrinken bewahren.[101] So auch in den Konstanzer Folgen *Der Name der Orchidee* und *Bitteres Brot* in denen Kollege Perlmann seine hier weniger vorausschauende Vorgesetzte Klara Blum vor Angriffen beschützen muss. Doch auch die Interaktion zwischen Ermittler und Täter am Ende kann diese Funktion bedingen. Häufig retten Ermittler gegen Ende einer Folge eine Geisel, auf die ein gestellter Täter zurückgreift, um den Konsequenzen der Justiz noch entgehen zu können. An so einer Stelle sind die Ermittler teilweise gezwungen mit dem jeweiligen Täter in Verhandlung zu treten und sich um die Deeskalation der Situation zu bemühen. Ebenso häufig entstehen ähnliche Situationen, wenn ein Täter damit droht Selbstmord zu begehen.[102]

---

[101]   Vgl. *Ein mörderisches Märchen*, München, 2001.
[102]   Beispiele dafür sind *Viktualienmarkt, Todesbrücke* und *Feuerkämpfer*.

Der Ermittler wird in seinen Ermittlungen behindert („Behinderung des Ermittlers") – Den Ermittlern können sich sowohl im Privatleben, wie auch im Dienst Konflikte in den Weg stellen. Geschieht dies auf dienstlicher Ebene, gibt es vier verschiedene Möglichkeiten der Beeinträchtigung: 1. Der Konflikt mit dem Vorgesetztem. Das kann z.b. der Polizeichef oder der Staatsanwalt sein. 2. Die Suspendierung, die seit Horst Schimanski keine Neuigkeit im *Tatort* ist. 3. Der Konflikt mit Angehörigen der Presse. Ein gutes Beispiel hierfür liefert *Stirb und Werde*. Borowskis Kollege beginnt eine Affäre mit einer Journalisten, die ihm vertrauliche, auf den Fall bezogene Unterlagen aus der Wohnung entwendet. 4. die Option, dass für den Ermittler eine negative Entscheidung getroffen wird. Das kann z.B. bedeuten dass ein Kommissar seine Ermittlungspraktik nicht durchführen darf oder dass der Haftrichter, wie z.B. in *Der Schächter*, entgegen des Verdachts des Ermittlers entscheidet.

Die Behinderung des Ermittlers wird aufgehoben („Aufhebung Behinderung") – Wird die Behinderung des Ermittlers von diesem nicht umgangen, so tritt häufig eine Aufhebung ein. Entsprechend der vorhergehenden Funktion gibt es wieder vier Varianten: 1. Die Lösung des Konflikts mit dem Vorgesetztem. Das bedeutet es wird ein Ausgleich geschaffen oder es gibt eine Art Versöhnung. 2. Die Suspendierung wird aufgehoben. In *Herzversagen* wird Charlotte Sänger erst vom Fall abgezogen, da man sie für psychisch zu labil hält. Schließlich wird sie wieder zurück zum Fall geholt, da sie einen entscheidenden Hinweis liefert. 3. Es kommt zur Lösung des Konflikts mit Pressevertretern, und 4., die für den Ermittler ungünstige Entscheidung wird aufgehoben. Ignoriert der Ermittler eine Behinderung, handelt es sich zumeist um den Verstoß gegen die Vorschrift.

Der Ermittler wendet eine List an, um seine Ermittlungen voranzutreiben oder den Täter zu überführen („Ermittler wendet List an") – Neben der Ermittlungsroutine kann es auch vorkommen, dass Kommissare einen Trick anwenden, um entweder den Täter oder einen Hinweis zu erlangen. Eine solche List kennzeichnet sich dadurch, dass es sich nicht um eine Routinehandlung aus dem Bestand der Polizei handelt und dass sie aus einer Idee eines Kommissars entstanden ist. Es kann sich dementsprechend z.B. auch um eine taktische Lüge des Ermittlers handeln. Diese Funktion trägt außerdem zur Individualisierung der Ermittlerfiguren bei. Kommissar Borowski z.b. setzt sich in *Stirb und Werde* neben den Täter, der am Hafen in seinem Auto sitzt. Der Beamte drängt sich plötzlich neben den vermeintlichen Täter und tritt auf das Gaspedal, so dass beide mit hoher Geschwindigkeit auf das Kaiende zufahren. Durch die drohende Lebensgefahr, ist der Täter am Ende bereit ein Geständnis abzulegen. Was für den einen oder anderen nach einem überspannten Ermittler klingen mag, ist gleichzeitig ein Hinweis auf den Charakter der Ermittlerfigur. Die Vorgehensweise ist keine List im klassischen Sinne. Sie ist aber ein Ausdruck der individuellen Vorgehensweise des Beamten Borowskis und führt erstaunlicherweise auch zum gewünschten Erfolg.

Ein Verdächtiger oder der Täter entzieht sich den Ermittlungen („Versuchte Festnahme") – Nicht selten versuchen Verdächtige oder Täter in den *Tatort*-Filmen einer Befragung oder einer Festnahme zu entgehen. Damit kann eine Flucht gemeint sein, es kommen aber auch andere Möglichkeiten in Betracht. Als Kommissar Thiel in *Dreimal schwarzer Kater* den Vater des Opfers festnehmen will, weil dieser mit einem Luftgewehr auf Passanten schießt, kollabiert der betrunkene Mann zu Füßen des Beamten. Er wird daraufhin zur Ausnüchterung ins Krankenhaus gebracht und hat sich damit vorläufig der Festnahme erfolgreich entzogen. Im Anschluss an diese Funktion wird der Verdächtige entweder vom Ermittler verfolgt, später befragt oder es wird eine Fahndung ausgeschrieben. In den meisten Fällen bedeutet die Flucht vor der Befragung oder Festnahme nur einen Aufschub der regulären Ermittlungen.

Der Ermittler verfolgt einen flüchtigen Verdächtigen oder Täter („Jagd auf Täter") – Im Anschluss an das vorhergehende Element steht häufig die Verfolgung eines flüchtigen Verdächtigen oder Täters. Dieses Element beinhaltet vor allem dynamische Sequenzen, in denen ein oder mehrere Ermittler einen Flüchtigen verfolgen. Filmisch wird dies i.d.R. durch die typischen Parallelmontagen und entsprechend spannungsreiche Musik umgesetzt. Dabei können Verfolgungsjagden mit sämtlichen Verkehrsmitteln und Aktanten inszeniert werden. Handelt es sich bei dem Delinquenten tatsächlich um den Täter, steht diese Funktion oftmals vor Festnahme und Geständnis.

4.6 Die Aufklärung

Der Ermittler befragt Verdächtige im Präsidium („Befragung im Präsidium") – Neben der Befragung im Milieu, die noch den Anschein von Alltäglichkeit wahrt, kann eine Befragung auch im Präsidium stattfinden und erhält dadurch einen formelleren Charakter. Dabei kann es sich um ein Verhör zur Erlangung eines Geständnisses oder um eine Befragung, und damit Protokollaufnahme, handeln. Zum Schluss der Handlung kann also der Täter im Präsidium befragt werden, und im Anschluss daran ein Geständnis ablegen. Genauso kann es sich aber auch um die Befragung von Verdächtigen und Zeugen handeln, und lediglich neue Hinweise hervorbringen. Dadurch, dass es sich bei der Umgebung um das Milieu des Ermittlers handelt, erhält die Befragung einen ernsthafteren Charakter, was durch die häufigen Zornesausbrüche der Ermittler innerhalb dieser Funktion unterstrichen wird.[103] Die Befragung von Zeugen oder Verdächtigen wird durch die Funktion in den institutionalisierten Ermittlungsablauf eingegliedert.

Ein Verdächtiger legt ein Geständnis ab („Geständnis") – Zur Lösung des Falles gehört in der Regel auch ein Geständnis des Täters. Der Täter gesteht, je nachdem welche Fragen während der Tatortbegehung aufgeworfen wurden die Tat begangen zu haben, oder welches Motiv ihn oder sie dabei angetrieben hat. Ein Verdächtiger oder Täter kann auch nur ein Teilgeständnis ablegen, z.B. darüber, dass er oder sie an einer Tat lediglich beteiligt war. Daraus ergeben sich zwei Varianten der Funktion: Erstens, der Täter gesteht die Tat, und zweitens, ein Verdächtiger legt ein Teilgeständnis ab. Ein sol

---

[103] Hier ist erneut Horst Schimanski zu nennen, dessen Zornesausbrüche sich nicht nur auf Verhöre beschränkten. Für die in den Korpus miteinbezogenen Kommissare lassen sich hier vor allem Freddy Schenk aus Köln und vielleicht Till Ritter aus Berlin anführen.

ches Geständnis wird häufig während der Festnahme oder der Befragung im Präsidium abgelegt.

Der Ermittler lässt einen Verdächtigen festnehmen („Festnahme") – Zur Lösung des Falles gehört in vielen *Tatorten* die Festnahme des Täters oder eines Verdächtigen. Gegen Ende der Folge, wenn der Fall kurz vor seiner Auflösung steht oder bereits gelöst wurde, wird zumeist eine Person festgenommen. Mit der Verhaftung endet der Strafverfolgungsprozess des *Tatorts*. Es gibt in der Regel keine Gerichtsverhandlung und keinerlei Informationen über das Strafmaß des Angeklagten. Die Ermittlungen sind mit der Verhaftung des Täters abgeschlossen. Wird ein Verdächtiger lediglich zum Verhör mit aufs Präsidium genommen, laufen die Ermittlungen weiter. In vielen Fällen lässt der Kommissar den Delinquenten von Kollegen festnehmen und abführen. In einigen Filmen werden die Kommissare aber auch selbst aktiv und legen den Angeklagten, nach dem optionalen Zugriff in Handschellen.

Ein involvierter Akteur kommentiert das Ende des Falls („Kommentar Festnahme") – In der letzten Sequenz der *Tatort*-Folgen wird häufig die Lösung des Falles abschließend kommentiert. Entsprechend folgt diese Funktion i. d. R. auf die Verhaftung oder das Geständnis. Die Ermittler, ein überlebendes Opfer oder Angehörige eines Opfers schließen die Handlung damit dramaturgisch ab, indem ein kurzer abrundender Dialog oder eine Bemerkung inszeniert wird. In *Bitteres Brot* fragt eine junge Frau, deren Vater versucht hat sie umzubringen und soeben verhaftet wurde: „Er wird doch nie wieder rauskommen, oder?" Ermittlerin Klara Blum antwortet nicht auf die Frage, sondern runzelt die Stirn. Sie scheint an dem „nie" der jungen Frau zu zweifeln. Ein Kommentar zur Festnahme kann also auch durchaus gestischer Natur sein bzw. eine gestische Komponente beinhalten. Der Kommentar zur Lösung steht immer am Ende des Falles, dabei muss es nicht zwangsläufig auch die letzte Sequenz des Filmes sein: In *Das ewig Böse* fahren Prof. Boerne und KHK Thiel nach der Verhaftung zusammen mit dem Auto, wobei der Rechtsmediziner den Fall reflektiert.[104] Thiel bittet Boerne daraufhin vor einer Kneipe anzuhalten. Thiel steigt aus, geht in die Kneipe und

---

[104]   *Das ewig Böse*, Münster, 2006.

kommt nach einiger Zeit zurück. Er bezahlt prompt seine überfällige Miete an seinen Kollegen und Vermieter, Prof. Boerne. Hier wird also nicht der Fall abschließend kommentiert, sondern der private Konflikt gelöst. Den Kommentar zum Fall hat Boerne bereits abgegeben.

5. Das Verhör:
Was sich aus den Funktionen ergibt

5.1 Keine Tat ohne Täter – Fixe und fakultative Elemente

Bei den Merkmalen eines Krimis lässt sich zwischen „genrekonstituierenden" und „genretypischen" Eigenschaften unterscheiden.[105] Ebenso verhält es sich mit den hier gelisteten Funktionen, die in fixe und fakultative Narrateme unterteilt werden können. Ein genrekonstituierendes Merkmal wäre demnach z.B. die Tat bzw. das Element ‚Einführung Tat'. Ohne einen Tatbestand würde die Ordnung nicht aus den Fugen geraten und eine Ermittlung nicht von Nöten sein. Als genretypisches und fakultatives Element wäre die ‚verdeckte Ermittlung' zu betrachten, da diese zwar zur Spannung beiträgt, aber für den *Tatort* nicht konstitutiv ist. Mit einer solchen Aufteilung lässt sich auch die zu Beginn formulierte These zum bewussten Bruch näher erläutern. Die erläuterte Verschiebung der Folie geschieht immer dann, wenn eines der Fixelemente des *Tatorts* nicht auftaucht. Fehlt in einer Folge z.B. die ‚verdeckte Ermittlung' ändert das nichts an der typischen Krimistruktur. Fehlen allerdings, wie in *Leyla* aus Ludwigshafen ‚Geständnis' und ‚Festnahme' deutet dies einen bewussten Bruch mit der *Tatort*-Tradition an. Das Korpus wurde auf das Vorkommen der gelisteten Funktionen überprüft (vgl. dazu Abb. 6 im Anhang). Die mit einem ‚X' markierten Felder bedeuten, dass die jeweilige Funktion im jeweiligen Film auftritt. An

---

[105]   Ganz-Blättler, in: Mattscheibe oder Bildschirm, S. 265.

der Häufigkeit der auftretenden Funktionen lassen sich die konstitutiven Funktionen eines typischen *Tatorts* ablesen lassen. Hier könnte man eine Mindestanzahl für Fixelemente festlegen, wie z.B. 35 aus 43 o.ä. Zu den deutlichen Fixelementen zählen, laut Tabelle (Abb. 6), die Tatortbegehung, der private Konflikt des Ermittlers, der Wissensvorsprung des Zuschauers, die Befragung im Milieu, der Austausch zwischen den Ermittlern, die Erläuterung der Ermittlungen durch die Ermittler, die Ermittlungsroutine, sowie überraschenderweise der zweite Tatbestand. Das häufige Vorkommen einer zweiten Tat könnte in einer weiteren Untersuchung für die gesamte *Tatort*-Reihe analysiert werden. Sarah Khan behauptet in ihrem Artikel „Tatöd", der Kapitalismus sei der „große Drahtzieher" hinter dem Erfolg des Krimigenres, da die Frage „Was ist der Wert des Menschen?" gestellt wird.[106] Tatsächlich fraglich ist, ob der Mensch im *Tatort*, durch immer mehr Leichen, an Wert verloren oder gewonnen hat. Eine Beantwortung dieser Problemstellung unter Einbezug soziologischer Aspekte könnte sich als recht interessant erweisen. Das Geständnis und die Festnahme scheinen sich gegenseitig zu ergänzen und bekleiden mit 37maligem Auftreten in 43 Folgen ebenfalls eine Fixposition. Die genannten Funktionen tauchen mit überwiegender Mehrheit innerhalb der Filme auf. Besonders selten werden Funktionen wie die der Identifizierung der Leiche und die Informierung der Angehörigen in die Folgen eingebaut. Vermutlich, weil sie wenig Raum für die Vermittlung von Hinweisen lassen. Am seltensten tritt die Pressekonferenz auf, was für diese These spricht. Denn die Besprechung mit Vertretern der Presse bedeutet i.d.R. das Aussenden von Hinweisen und Vermutungen. Es werden an dieser Stelle selten neue Hinweise aufgedeckt. Interessant ist, dass die Überschneidung des privaten Konflikts des Ermittlers mit dem Fall ebenfalls recht häufig auftritt, was zwar eher gegen Authentizität im *Tatort* spricht, aber andererseits deutlich macht, dass die Ermittler-figuren keine Mittel zum Zweck sind, sondern auch ‚privat' an der Handlung teilnehmen. Ebenfalls interessant ist, dass die meisten Folgen des Korpus' entweder fast ausschließlich das, durch die benannten Fixelemente, entstandene ‚Grundgerüst' des *Tatorts* nutzen oder dem entgegen eine besonders

---

[106] Khan, Sarah: Tatöd. Wir lieben Krimis immer mehr: Nur als Leiche wird dem Menschen so viel Aufmerksamkeit zuteil. Aber sonntags mal was anderes, wäre schon schön, in: Süddeutsche Zeitung, Nr. 67, 21./22.3.09, S.V2/3.

hohe Zahl an vorkommenden Funktionen aufweisen. Dies hängt damit zusammen, dass auch Drehbuchautoren oder Regisseure sich vermutlich an Kategorien wie den ‚klassischen Krimi' und vielleicht den ‚modernen Krimi' o.ä. halten. Grundsätzlich lässt sich nur schwer sagen, ob einzelne Funktionen tatsächlich nur in Anbindung an andere Elemente auftauchen. Immerhin ist aufgrund der oppositionellen Beziehung von der ‚Behinderung des Ermittlers' und deren Aufhebung klar, dass letztere Funktion nicht ohne die erste Auftritt. Die Tabelle gibt außerdem Aufschluss über die Aufklärungsquote im *Tatort:* Da in 37 von 43 Folgen am Ende eine Festnahme, und in den übrigen, bis auf eine Ausnahme, zumindest ein Geständnis erfolgt, beträgt die Aufklärungsquote fast hundert Prozent. Christiane Uthemann erklärt dieses Phänomen wie folgt:

Der Kriminalfilm des Fernsehens vermittelt seinen Zuschauern das beruhigende Gefühl, dass der Täter seiner gerechten Strafe zugeführt und der gesetzlose Zustand durch die Instanzen der formellen Sozialkontrolle beendet wird, weil die ganz überwiegende Zahl der Taten aufgeklärt und die meisten Täter gefaßt werden.[107]

Dieser Aufklärungsquote steht in der Realität, laut polizeilicher Kriminalstatistik, eine Gesamtaufklärungsquote von unter 50 Prozent gegenüber.[108] Bei den Funktionen ist zu bemerken, dass die Lösung des Falles sich nicht immer am Auftauchen des Geständnisses und der Festnahme ablesen lässt. In einigen Fällen, wie z.B. in *Bienzle und der süsse Tod* gibt es keine Festnahme, weil die Ehefrau des überführten Täters diesen noch vor der Festnahme selbst richtet und erschießt. Es wurde dennoch beantwortet, wer der Täter ist und was sein Motiv für die Tat war. Der Fall wurde gelöst und seine Strafe wurde anstatt durch den Rechtsstaat, durch seine Ehefrau vollzogen. Fehlen also die Festnahme und das Geständnis innerhalb eines Filmes, lässt sich zumindest davon ausgehen, dass die Bestrafung des Täters nicht auf rechtsstaatlichem Wege erfolgt ist. Anhand einer solchen Tabelle und einer entsprechenden Ausweitung des Korpus' ließen sich vermutlich auch spezielle Aussagen über einzelne Ermittlerteams bzw. Städte machen und entsprechende Vergleiche anstellen.

---

[107]   Uthemann, S. 135.

[108]   Ebd.

5.2 Ringfahndung: Handlungskreise der Mörderjagd

Nachdem Propp seine Funktionen für das Zaubermärchen aufgestellt hatte, ging er dazu über sie in Handlungskreisen zusammenzufassen, also in Bündel von Funktionen mit dem gleichen Wirkungsbereich. Greimas beschreibt dies wie folgt: „Die Personen werden [...] durch die ‚Aktionsbereiche' definiert, an denen sie partizipieren, und diese Bereiche sind durch die Bündel von Funktionen konstituiert, die ihnen attribuiert werden."[109] Ganz ähnlich wurde das hier bereits in der Funktionsliste getan, indem mehrere Funktionen unter einer Überschrift gesammelt wurden. Diese Kategorien basieren allerdings auf den übergeordneten Strukturen von Ermittlungskrimis und sind nicht wie bei Propp, zwangsläufig deckungsgleich mit der Zuordnung zu bestimmten Aktanten. Auch eine Zuordnung topographischer Natur, wie ‚Polizeipräsidium' und ‚Tatort' wären aufgrund der recht hohen Zahl an vorkommenden Orten problematisch. Daher bietet es sich für die Narrateme des *Tatorts* an, sie nicht einzelnen Aktanten, sondern dem jeweiligen Milieu des Aktanten zuzuordnen. Durch die Bildsprache des Films gibt es zahlreiche Szenen und damit Funktionen, in denen mehrere der ‚wirklichen' Aktanten auftauchen und eine konkrete Zuordnung zu einem einzigen Aktanten schwierig wird. Die Funktionen sollen daher nach Ermittler-, Täter- und Opfermilieu, also einer weitestgehenden Zugehörigkeit, sortiert werden. Wobei zu erwarten bleibt, dass das Ermittlermilieu den größten Anteil der Funktionen enthält, da es sich eben um Polizeikrimis handelt. Handlungskreise zu schaffen bedeutet laut Greimas, eine Umgruppierung der Funktionen.[110] Dies wird nun mit den Funktionen und Qualifikationen des *Tatorts* vollzogen. Anhand der Gruppierung wird außerdem in Klammern eine Abbreviatur für jede Funktion gekennzeichnet, was die exemplarische Analyse bzw. die weitere Verwendung einfacher gestaltet.

---

[109] Greimas, S. 159.

[110] Vgl. ebd., S. 175.

Milieu des Ermittlers

1. Ruf zum Tatort (E_Ruf)
2. Tatortbegehung (E_Tatort)
3. Info Sachverständiger (E_InfoSach)
4. Einführung privater Konflikt des Ermittlers (E_PrivKonEinf)
5. Fortsetzung privater Konflikt des Ermittlers (E_PrivKonFort)
6. Lösung privater Konflikt des Ermittlers (E_PrivKonLös)
7. Privater Konflikt des Ermittlers überschneidet sich mit Fall (E_Priv/Fall)
8. Pressekonferenz (E_Presse)
9. Austausch Ermittler (E_Bespr)
10. „Aha-Moment" des Ermittlers (E_Begreif)
11. Erläuterung der Ermittlung (E_ErlErm)
12. Verdeckte Ermittlung (E_VerErm)
13. Befragung im Milieu (E_Befr)
14. Rekonstruktion Tathergang (E_RekTat)
15. Ermittler äußert Verdacht (E_Verdacht)
16. Ermittlungsroutine (E_Routin)
17. Befragung im Präsidium (E_Verhör)
18. Ermittler in Gefahr (E_Gefahr)
19. Verstoß gegen Vorschrift (E_VerstVorschr)
20. Verhinderung weiterer Tatbestand (E_VerhTat)
21. Behinderung des Ermittlers (E_Verbot)
22. Aufhebung Behinderung (E_VerbotAuf)
23. Ermittler wendet List an (E_List)
24. Atmosphärisches Element (E_Atmo)

Milieu des Opfers

1. Fund der Leiche (O_FundTat)
2. Besichtigung Lebensumstände (O_Umfeld)

3. Informierung der Angehörigen (O_InfoAng)

4. Identifizierung der Leiche (O_Ident)

5. Beerdigung des Opfers (O_Beerdng)

6. Atmosphärisches Element (O_Atmo)

Milieu des Täters

1. Einführung Tat (T_Tat)

2. Jagd auf Täter[111] (T_JagdTät)

3. Wissensvorsprung des Zuschauers (T_Wissvorspr)

4. Weiterer Tatbestand (T_WeitTat)

5. Versuchte Festnahme (T_VersFestn)

6. Geständnis (T_Geständ)

7. Festnahme (T_Festn)

8. Kommentar Festnahme (T_Komment)

9. Atmosphärisches Element (T_Atmo)

Schnell fällt auf, dass das ‚Atmosphärische Element' nicht in einer Sonderkategorie aufgeführt wird, sondern jedem der drei Milieus angegliedert ist. Da die Funktion oder vielmehr Qualifikation, jeden der Aktanten im Mittelpunkt haben kann, wird sie auch entsprechend bezeichnet angegeben. In einer konkreten Analyse würde also der jeweilige Aktant das Kürzel des Narratems bestimmen.[112] Elemente, die Handlungen des Ermittlers beschreiben, wie z.B. die ‚Festnahme', sind teilweise einem anderen Aktanten zugeordnet, weil sie zwar vom Ermittler ausgehen, aber im Falle des genannten Beispiels, im Milieu des Täters zu verorten sind. Man könnte sie

---

[111] Die Verfolgung des Täters ist ein besonders gutes Beispiel für die Anbindung an zwei Aktanten. Der oder die Ermittler verfolgen den vermeintlichen Täter, der sich der Festnahme entzieht. Die Möglichkeit des Täters, sich der Festnahme zu entziehen, soll hier das entscheidende Argument für die Zuordnung zum Tätermilieu sein. Die Funktion hat die entscheidendere Bedeutung für den Täter.

[112] D.h., steht der Ermittler im Mittelpunkt der Funktion wäre (E_Atmo) die verwendete Abkürzung. Stünde das Opfer oder ein Angehöriger des Opfers im Mittelpunkt, wäre (O_Atmo) zu verwenden usw.

gleichermaßen dem Ermittler zuordnen, da der Ermittler im Moment der Festnahme den ‚Sieg' über den Täter davon trägt. Genauso ist aber die ‚Niederlage' des Täters in die Funktion eingebunden und hat eine weitreichendere Bedeutung für ihn. Letztlich sind die hier vorgenommenen Zuordnungen eine Möglichkeit, die aber nicht zwanghaft eingehalten werden muss.

5.3 Personenfahndung:
Zu den Ermittlern und weiteren Aktanten

Der Erfinder der *Tatort*-Reihe, Gunther Witte, sieht den besonderen Unterhaltungswert der Serien in der „Variationsbreite des Typenrepertoires unterschiedlicher Ermittlerfiguren".[113] Da die Ermittlerfiguren zum einen folgenübergreifend sind, und zum anderen den größten Spielraum innerhalb der Handlung einnehmen, sollen diese im Folgenden genauer untersucht werden. Weitere Aktanten, wie Täter und Opfer werden im Anschluss knapp beleuchtet. Als literarische Vorreiter für den in Serie auftretenden Ermittler lassen sich Edgar Allen Poes Chevalier Auguste Dupin und Arthur Canon Doyles Sherlock Holmes nennen.[114] Ein weiteres Vorbild für den *Tatort*-Ermittler dürfte Georges Simenons Figur Maigret sein, da sie als erste Gestalt eine Biographie bzw. ein Privatleben erhielt.[115] Auch die *Tatort*-Ermittler waren nicht von Beginn an seriell angelegt. Erst in den späten 1980er Jahren festigten sich bei den einzelnen Rundfunkanstalten die Kommissare und ab 1978 auch Kommissarinnen.[116] Durch das föderale System ist es für die Beamten der

---

[113] Zitiert in: Bauer, S. 100.

[114] Krieg, Alexandra: Auf Spurensuche. Der Kriminalroman und seine Entwicklung von den Anfängen bis zur Gegenwart, Marburg; Tectum 2002, S. 33.

[115] Vgl. ebd., S. 51f.

[116] Vgl. Brück, S. 167. Ab 1978 begann mit Nicole Heesters als Kommissarin Buchmüller die erste Ermittlerin im *Tatort*. Bemerkenswert hierbei ist, dass die ostdeutsche Konkurrenz im *Polizeiruf 110* bereits von Anfang an (1971) mit einer Frau im Team ermittelte.

kleineren Sendeanstalten schwieriger eine serienübergreifende Persönlichkeit zu entwickeln, weil schlicht weniger Filme im Jahr produziert werden.[117] Dementsprechend ist es weitaus einfacher die Charaktere der Ermittler der größeren Rundfunkhäuser zu analysieren, als die der kleineren. Für die hier angelegte Untersuchung gelten die Kommissare und Kommissarinnen in erster Linie als Funktionsträger. Dennoch lassen sich fundiertere Aussagen über die Reihe nur machen, bezieht man auch die verschiedenen Protagonisten der Serien mit ein. Interessieren sollen in erster Linie die Gemeinsamkeiten der Figuren, genauso wie in den vorhergehenden Kapiteln die Ähnlichkeiten der Serienstruktur im Vordergrund standen. Jeder der 17 Ermittler und Ermittlerinnen verfolgt zwar die gleiche Strategie bei den Ermittlungen, allerdings nimmt auch jeder der Beamten eine andere Haltung innerhalb der Funktionen und gegenüber den Beteiligten Figuren ein. Seit den 1990er Jahren sind vermehrt jüngere Ermittler zu verzeichnen.[118] Außerdem gehen die Polizisten immer häufiger in Teams auf Mörderjagd. Diese Entwicklung ist im gesamten Krimigenre zu beobachten und kulminiert in Sendungen wie *Criminal Intent* in denen Teams aus sogenannten Spezialisten zusammenarbeiten. Die Entwicklung zum Team lässt sich in drei Stufen unterteilen: Die frühen Detektive und Kommissare ermittelten noch allein, wie z.B. Kommissar Trimmel im ersten *Tatort*. Später kam, wie schon bei Sherlock Holmes mit Dr. Watson, ein so genannter ‚Side-kick' hinzu. Eine Figur die stets nur Helfer bleibt und am Ende vom Kommissar oder Detektiv mit der Lösung überrascht wird. Eine solche Konstellation ist im alten Stuttgarter *Tatort* mit KHK Ernst Bienzle vorhanden, dem man den Kollegen Gächter als Side-kick an die Seite gestellt hat. Während Bienzle in der literarischen Vorlage von Felix Huby so gut wie alleine ermittelt, darf sein Kollege Gächter im Fernsehen zumeist die Büroarbeit erledigen.[119] Bienzle, der 2007 aus dem Dienst schied, wurde entsprechend von einem Ermittlerteam, bestehend aus den weitaus jüngeren und gleichberechtigten Kriminalhauptkommissaren Thorsten Lannert und Sebastian Bootz, ersetzt. Ebenso wurde KHK Palu aus Saarbrü-

---

117   Leder, Dietrich: Ortsbegehungen. Diskussionsreihe Krimi: Der Tatort des WDR. Funk-Korrespondenz: 1997, J. 45, N. 40, S. 4.

118   Vgl. Zwaenepoel, S. 51.

119   Vgl. dazu: Huby, Felix: Bienzle und die letzte Beichte, 2. Aufl., Frankfurt a. M.: Fischer 2005.

cken durch die zwei jungen Protagonisten Kappl und Deiniger ersetzt. Ermittler die gegenwärtig noch mit Side-kick ermitteln, wären Klaus Borowski und Inga Lürsen, sowie erstaunlicherweise der jüngste Kommissar aus Hamburg, Cenk Batu. Weiterhin lässt sich feststellen, dass besonders das Privatleben der Ermittler einen Wandel durchgemacht hat. Der Soziologe Helmut Klages meint, durch den von der 68er Generation eingeleiteten Wertewandel werden „in einem zunehmenden, früher unvorstellbaren Maße [...] zwischenmenschliche Beziehungen als stets gefährdet und problematisch angesehen".[120] Dies lässt sich für die Reihe *Tatort* durchaus bestätigen. Kaum ein Ermittler oder eine Ermittlerin hat, im bürgerlichtraditionellen Sinne, ein normales Familienleben. Ihre familiären Beziehungen suchen die Ermittler inzwischen in erster Linie innerhalb ihres Teams. So helfen sich die ledigen Kommissare Batic und Leitmeyr gegenseitig beim Umzug und Charlotte Sänger und Fritz Dellwo wohnen zeitweise unter einem Dach. Anhand der folgenden Matrix (Abb. 7) lässt sich feststellen, dass von neun zufällig ausgewählten Ermittlern, die meisten einem ‚modernen' Lebensmodell frönen.

'Dienstliche' Merkmale	Einzelgänger				Teamplayer			
	(+) analytisch		(-) analytisch		(+) analytisch		(-) analytisch	
'Private' Merkmale	(+)Temperament	(-)Temperament	(+)Temperament	(-)Temperament	(+)Temperament	(-)Temperament	(+)Temperament	(-)Temperament
Moderne Modelle — Ledig	Kai Perlmann		Klara Blum	Till Ritter	Max Ballauf	Ivo Batic/ Franz Leitmeyr		
Ledig + Alleinerziehend					Charlotte Lindholm	Felix Starck		
Tradition. Modell — In Partnerschaft			Ernst Bienzle					
Verheiratet +Familie							Freddy Schenk	

Abb. 7

Tatsächlich wäre für eine Matrix, die alle Ermittlerfiguren des Korpus umfasst, eine genauere Darstellung nötig gewesen, da die überwiegende Mehrheit der Beamten ledig ist. Die Lebensmodelle der Kommissare und Kommissarinnen staffeln sich offenbar nach oben: Einziger Familienvater im traditionellen Sinn ist der Kölner Ermittler Freddy Schenk. Gleichzeitig ist er auch einer der konservativsten Charaktere. Entsprechend wurde ihm ein Kollege an die Seite gestellt, der das charakterliche Gegenteil von ihm zu sein scheint: Max Ballauf ist temperamentvoller und analytischer im Vorgehen als sein Kollege. Ähnliches lässt sich für das Duo Klara Blum und den ihr erst später an die Seite gestellten Kai Perlmann feststellen. Beide ergänzen sich in ihrem Temperament, haben aber die gleiche analytische Vorgehensweise bei den Ermittlungen. Zu den ‚dienstlichen‘, also ermittlungsrelevanten Merkmalen zählt besonders die Teamfähigkeit, die bereits näher erläutert wurde. Auffallend ist hier, dass Charlotte Lindholm, die i.d.R. alleine ermittelt, trotzdem als ‚Teamplayer‘ kategorisiert werden kann. Dies wird in ihren Filmen dadurch gelöst, dass sie stets als Side-kick ihren Mitbewohner zu den Ermittlungen einlädt, ihr ein Dorfpolizist an die Seite gestellt wird oder sie sich besonders gut in die jeweilige Dorfgemeinschaft einfügt. In jeder Serie scheint für ein Ermittlerteam oder einen Ermittler mit wechselndem oder beständigem Side-kick gesorgt zu sein.

Nur selten verstößt der *Tatort* gegen die Grundverabredung des Krimis, wonach Ermittler keine ‚gefallenen Engel‘ sein dürfen. Noch nie wurde in der Geschichte des *Tatorts* aufgrund von Verstößen gegen das Gesetz ein Kommissar gekündigt, bis auf diverse Suspendierungen im Fall von Horst Schimanski, der aber stets wieder eingestellt wurde bzw. am Ende selbst kündigte. Weitere Aktanten der Reihe lassen sich lediglich allgemein untersuchen. Bei den Opfern kann es sich um Figuren der verschiedensten Schichten und Herkünfte handeln. Gleiches gilt für die Täter. Im Folgenden soll darauf näher eingegangen werden, da das Thema des *Tatorts* und seine zumeist aktuellen Komponenten eng an die Figuren der Täter und Opfer gebunden sind. Zumindest scheinen sich, laut Thomas Koebner, die Motive der Täter nicht sonderlich von denen der Realität zu unterscheiden. Darunter fallen Habgier, Verbrechen aus Leidenschaft, Panik und Eifersucht.[121] Auffallend ist lediglich das Motiv des schuldlos Schuldigen, dass im Rahmen der Isotopie-Bestimmung näher untersucht wird.

5.4 Das Motiv: Den roten Faden im Visier

Claude Lévi-Strauss warf Propp vor, er würde bei seiner Methode die Form vom Inhalt trennen und die Bedeutung der Erzählungen außen vor lassen.[122] Laut Ursula Ganz-Blättler lassen sich Inhalte und Strukturen generischer Erzählungen aber nicht trennen, weil die Struktur die Inhalte mitbestimmen kann.[123] Bisher wurden einzig die Strukturen der *Tatort*-Reihe betrachtet. Ihre „semantischen Investierungen" werden nicht zwangsläufig von der Anordnung der Funktionen mitbestimmt, scheinen aber an die Struktur gekoppelt zu sein.[124] Günther Rage nennt den Krimi daher ein „Universalgenre", weil es sich mit einer Vielfalt von Themen füllen lässt.[125] Die Inhalte bzw. die roten Fäden der Reihe *Tatort* sollen an dieser Stelle mittels einer Bestimmung der Isotopien untersucht werden. Erneut stellt sich hier die Problematik des Mediums Film, für das eine rein textuelle Semanalyse nicht ausreicht. „Die Darstellungs- und Formpotentiale des Films und des Fernsehens werden sowohl in einer Bildtheorie ausgelotet wie aber auch in der Untersuchung der textuellen Strukturen."[126] Demnach müssten Bildsprache sowie auditive Nachrichten einzeln untersucht, und miteinander verglichen werden. Da dieses Verfahren für die hier angelegte Untersuchung

---

[121] Vgl. Thomas: Tatort – zu Geschichte und Geist einer Kriminalfilm-Reihe, in: „Tatort: Normalität als Abenteuer", Augen-Blick 9, Marburger Hefte zur Medienwissenschaft, hrsg. vom Institut für Neuere dt. Literatur Philipps-Universität Marburg, 1990, S. 25.

[122] Meletinskij, in: Propp, S. 192.

[123] Ganz-Blättler, in: Mattscheibe oder Bildschirm, S. 267.

[124] Vgl. Greimas, S. 230.

[125] Vgl. dazu Brück, S. 8.

[126] Borstnar, S. 209.

zu aufwendig wäre, soll wieder vom Kompromiss des nacherzählten Drehbuchs ausgegangen werden.

Für eine reguläre Folge der Reihe lassen sich in der Regel drei
Teil-Isotopien verschiedener semantischer Ebenen benennen. Zum
einen liegt jedem *Tatort* eine, für den Krimi typische Isotopie, in
Form einer binären Opposition zugrunde. Diese Isotopie ist filmin-
tern und beschreibt den grundlegenden Konflikt eines jeden Polizeikrimis. Eine weitere Isotopie ist die serielle, die sich in erster
Linie im Privatleben der Ermittler oder durch die Ermittlerfiguren
manifestiert und die Besonderheiten der einzelnen Ermittler oder
Ermittlerteams ausmacht. Jede Serie, d.h. jede *Tatort*-Stadt hat demnach einen anderen ‚roten Faden' der sich über mehrere Folgen
entwickeln kann. So ist z.B. das Lebensmodell vom Berliner Kommissar Felix Starck als alleinerziehender Vater oder der ihm oppositionell gegenübergestellte ‚ewige Junggeselle' Till Ritter, immer
wieder Thema der privaten Konflikte. Ebenso sind in den Münsteraner Folgen die verwandtschaftlichen oder freundschaftlichen
Beziehungen des Pathologen zu in den Fall involvierten Personen
typisch. Hier drängt sich die Isotopie der Kleinstadt auf, in der jeder
jeden kennt. Die dritte Ebene der Kohärenzbildung ist die der Anbindung an Kontextwissen, das in jeder Folge ein anderes Thema
bedienen kann. Bei dieser Isotopie handelt es sich um eine filmex-
terne Bedeutung, da häufig Themen aus aktuellen Debatten übernommen werden. Hier ließe sich also von einer, der Folge spezifi-
schen Isotopie sprechen, die für jede Folge separat bestimmt werden
muss. Alle drei Teil-Isotopien können nebeneinander auftauchen,
sie können sich aber auch gegenseitig ergänzen. Zum Beispiel wird
das beschriebene Lebensmodell von Ermittler Felix Starck in *Todesbrücke* zum folgespezifischen Thema des *Tatorts,* da der Täter selbst
Vater ist und seine geschiedene Frau umbringt, um das Sorgerecht
für die Kinder zu erhalten. Ebenso kann die grundlegende Krimi-
Isotopie zum Gegenstand der individuellen Isotopie werden. Ähnlich beschreibt es Nusser für den Kriminalroman nach 1960. Demnach führten eingefahrene Strukturen

> *zu verschiedenen Versuchen, die Unterhaltungsqualitäten der Gat-
> tung mit gesellschaftskritischen und emanzipatorischen Anliegen, so-
> fern sie sich auf den Bereich Verbrechen und Verbrechensaufklärung
> beziehen lassen, zu verbinden.[...] Dabei geht es künstlerisch vor allem
> um die (nicht immer zu befriedigenden Ergebnissen führende) Bemü-*

hung, Gesellschaftskritik nicht durch partielle Zusätze der unterhaltenden Handlung gleichsam nur aufzupfropfen, sondern sie in die Bedingungen der Unterhaltung zu integrieren[127]

Die grundlegende Isotopie die in jedem *Tatort* auftaucht, ist auf der Manifestationsebene durch die Polizeibeamten und die Figur des Täters vertreten. Als semantische Tiefenstruktur lässt sich daraus i.d.R. die binäre Opposition ‚Recht' vs. ‚Unrecht' als Isotopie isolieren. Für jede *Tatort*-Folge muss es demnach möglich sein, aus Aussagen und Handlungen der Akteure die wiederholt auftretenden Klasseme von ‚Recht' und ‚Unrecht' zu isolieren. Ohne exemplarisch vorzugehen, lässt sich anhand der Tatsache, dass die Ermittlungen im *Tatort* vom Polizeiapparat ausgehen und i.d.R. ein Mörder gesucht wird, eine gewisse Zwangsläufigkeit der Vorkommen von entsprechenden Klassemen vermuten. Eine solche Unterscheidung, die der von ‚Gut' vs. ‚Böse' im Märchen nahe kommt, gilt besonders für ältere Filme der Reihe. Für jüngere *Tatorte* lässt sich zumeist eine weitere Teil-Isotopie feststellen, die in engem Zusammenhang mit der ersten steht. Ingrid Brück verortet diesen Wandel ab Ende der 1990er Jahre, da hier der „Zweifel an der Integrität der Ermittler" beginnt.[128] Durch diese Entwicklung verliert auch die „Crime doesn't pay"-Botschaft ihr Gewicht und der schuldlos Schuldige Täter wird eingeführt. Die ‚Entscheidung zum Verbrechen' unter den Tätern wird seltener. Häufig geraten Figuren in Situationen, die sie zur Tat zwingen.[129] ‚Gut' und ‚Böse' sowie ‚Recht' und ‚Unrecht' verschwimmen immer mehr in den jüngeren Filmen. Die Binäropposition des ‚moralischen Rechts' und ‚moralischen Unrechts' ergänzt nun die Isotopie von ‚Recht' und ‚Unrecht', was daher zum Gegensatz ‚legal' vs. ‚illegal' führt. Wo vorher das staatliche Recht auch moralisch auf der richtigen Seite war, stellen sich Zweifel am Rechtsstaat und seinen Beamten ein. So beschreibt es auch Alexandra Krieg:

Der Rätselkrimi ist in der Moderne zunehmend durch den Psychokrimi abgelöst worden, der die Aktivitäten und Handlungshintergründe

---

[127]   Nusser, S. 129.

[128]   Brück, S. 165.

[129]   Vgl. Wacker, S. 24.

jedes agierenden Charakters bis ins kleinste Detail ausleuchtet und in dieser Folge oftmals auf dramatisch-tragische Motivationen stößt.[130]

Die Täter der Filme verkörpern nun häufig zwar einerseits die Illegalität, stehen aber moralisch auf der Seite des Rechts. Ebenso kann in so einem Fall der Ermittler zwar für die Seite der Legalität einstehen, aber aus moralischer Sicht einen Fehler begehen, nimmt er den Täter fest. Je nach Ausprägung und Folge ließen sich diese Isotopien auch mit dem semiotischen Quadrat von Greimas erklären. Exemplarisch soll dies am Konstanzer Fall *Der Schächter* geschehen. Ein jüdischer Freund der Ermittlerin Klara Blum wird des Mordes verdächtigt, wirkt aber keineswegs so, als ob er zu einer solchen Tat fähig wäre. Der zuständige Staatsanwalt entpuppt sich als Antisemit, der Klaras Freund um jeden Preis den Mord anhängen will. Im semiotischen Quadrat ergäbe sich demnach folgende Konstellation:[131]

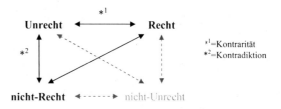

Abb. 8

Da die Opposition ‚Recht‘ vs. ‚Unrecht‘ offenbar nicht mehr ausreicht, muss eine Mittlerinstanz gefunden werden, die in diesem Fall durch ‚nicht-Recht‘ entsteht. Während die Tätigkeiten des Staatsanwaltes sich also durch Seme von ‚Unrecht‘, und die Handlungen der Ermittlerin mit denen von ‚Recht‘ beschreiben lassen, steht der Verdächtige zwischen diesen Positionen. Dem Quadrat nach kann er

---

[130]   Krieg, S. 133.
[131]   Abbildung nach Greimas, in: Nöth, S. 117.

durch dominante Seme des ‚nicht-Rechts' beschrieben werden, was auf den ersten Blick recht abstrakt wirken mag. Der Verdächtige wird allerdings in Untersuchungshaft genommen, was zwar legitim ist, aber nicht angemessen, da er sich am Ende als unschuldig erweist. Als er entlassen wird und der tatsächliche Täter festgenommen wird, findet er dennoch Schmierereien antisemitischen Charakters an seinem Haus, die ihn als Täter brandmarken. So widerfährt ihm auch hier kein ‚Recht', da er zwar unschuldig ist, aber dennoch als Täter wahrgenommen wird. Verdächtige im Krimi bewegen sich fast ausschließlich zwischen diesen Oppositionen und es stellt sich erst am Ende heraus, ob sie Adjuvant oder Opponent sind.

Die dritte Isotopie, die hier kurz erläutert werden soll, ist mit der Anbindung an Kontextwissen verknüpft. In „Der deutsche Fernsehkrimi" werden die Krimis der öffentlich-rechtlichen Fernsehanstalten auch „Unterhaltungs-Vehikel für inhaltliche Aussagen" genannt, was auf den *Tatort* durchaus zutreffen mag.[132] In den Rezensionen der Feuilletons werden entsprechend den Themen mit aktueller Komponente zumeist mehr Zeilen eingeräumt, als dem eigentlichen Krimi dahinter.[133] In seinem Artikel „Brisanz gibt es nicht zum Nulltarif" schreibt Christian Buß über den *Tatort*, er funktioniere in „seinen besten Momenten [...] als Fenster in die bundesrepublikanische Wirklichkeit".[134] Diese Anbindung an aktuelle Kontexte geschieht auf der diskursiven Ebene. Ermitteln die Kommissare Max Ballauf und Freddy Schenk z.B. im Milieu eines Auffangheims für Sinti und Roma, konstituiert sich auf der Ebene der diskursiven Semantik die immer wiederkehrende Problemstellung ‚Integration in Deutschland'.[135] Gekoppelt sind diese Isotopien besonders an die Funktion des Wissensvorsprungs (T_Wissvorspr), da hier grundsätzlich das Tätermilieu gezeigt wird und neben den Hinweisen und Verdächtigungen der syntagmatischen Ebene, auch

---

[132] Brück, S. 158.

[133] In einem Artikel vom 20.10.2008 schreibt Kathrin Buchner auf www.stern.de über den Kölner *Tatort Brandmal*, in dem ein Auffangheim für Roma und Sinti im Mittelpunkt steht. Der Artikel beschreibt in zwei Dritteln die Darstellung der Zigeuner und im letzten Drittel den Krimi dahinter. Vgl. http://www.stern.de/unterhaltung/tv/642792.html, geöffnet am: 25.10.2008.

[134] Buß, Christian: „Brisanz gibt es nicht zum Nulltarif", in: Du. Zeitschrift für Kultur, S. 30.

[135] *Brandmal*, Köln, 2008.

Positionen zum jeweiligen aktuellen Thema bezogen werden. Ähnlich verhält es sich bei der Befragung im Milieu (E_Befr). Im Film *Feuerkämpfer* befragt HK Holicek einen Verdächtigen, der erst sein Alibi nennt und schließlich ungefragt seine Meinung zum Thema Sorgerecht abgibt. Die Isotopie kann ebenfalls an Aktanten gebunden sein. Im *Tatort* ist sie das zumeist an der Figur des Opfers oder des Täters. In der besagten Folge läutet die Leiche das Thema bereits ein, da es sich um eine Anwältin für Sorgerechtsfragen handelt. Zwar stellt sich am Ende heraus, dass der Täter aus dem familiären Umfeld kommt, jedoch wird ein weiterer Täter für Brandstiftung festgenommen, der sich als ,Opfer' der Anwältin herausstellt und das Sorgerecht für seinen Sohn verloren hat. Nach diesen allgemeinen Aspekten zu den Isotopien im *Tatort* soll später eine genauere Betrachtung in einer exemplarischen Analyse folgen.

5.5 Rasterfahndung: Kürzung der Funktionen nach Greimas

In seiner strukturalen Semantik schreibt Greimas über Propps Funktionen: „Eine Gattung ausschließlich durch die Anzahl der Aktanten unter Absehen jedes Inhalts definieren, heißt, die Definition auf einer zu hohen formalen Ebene ansetzen."[136] Daher untersucht er die Funktionen auf ihre aktantiellen Relationen hin und stellt sie einander in Oppositionspaaren gegenüber.[137] Durch die Gegenüberstellung schrumpft Propps Inventar von 31 Funktionen auf 20 zusammen und soll damit überschaubarer werden. Des Weiteren formuliert er einzelne Funktionen um, damit sie weitreichender anwendbar werden. Die daraus entstehende Schwierigkeit ist zum einen die von Meletinskij formulierte „Erzwungenheit" der gekürzten Funktionsliste.[138] Eine weitere Problematik ist die häufig kritisierte Übertragung des Märchenmodells auf Mythen, wie Greimas sie vorgenommen hat. Durch die Kürzung der Funktionen soll das

---

[136]   Greimas, S. 161.

[137]   Vgl. ebd., S. 180.

[138]   Vgl. Meletinskij, in: Propp, S. 200f.

Modell auf eine abstraktere Ebene gebracht werden und die ohnehin ‚erzählbare Welt' in ihren Gegenstand miteinschließen. Das Modell wird dadurch so weit gefasst, dass die Gefahr des ‚Monomythos' entsteht, der auf jede Erzählung passen würde.[139] Trotz der Bemühungen Greimas' scheint das Modell für den *Tatort* wenig praktikabel zu sein, außerdem wurden übergeordnete Krimistrukturen bereits herausgestellt. Eine höher übergeordnete Struktur würde keinerlei weitere Aussagen über die Reihe motivieren. Beispielsweise würde Greimas' Funktion Nr.10 „Räumliche Versetzung" bei der Analyse einer *Tatort*-Folge einen geradezu inflationären Charakter erhalten, da die Kommissare, anders als Propps Held Ivan, nicht vereinzelt auf Zauberteppichen, sondern ständig mit dem Auto unterwegs sind. Die dritte Funktion im Modell Greimas', „Erkundung vs. Unterwerfung", würde den gesamten Teil der Ermittlungen ausmachen und damit drei Funktionen im hier vorgeschlagenen Modell ersetzen (E_Befr, E_Routine, E_Bespr). Es könnte sich allerdings als recht interessant erweisen, einen *Tatort* nach beiden Modellen zu analysieren und einander gegenüber zu stellen. Da Greimas selbst aber die Weiterentwicklung seiner Semiotik befürwortete, soll an dieser Stelle eine Kürzung des hier verwendeten Funktioneninventars auf ein handhabbares Maß vollzogen werden.[140] Die Ausdehnung des Modells soll nicht auf die gesamte ‚erzählbare Welt' abzielen, sondern es bestenfalls möglich machen, mehr als nur die 43 Filme des Korpus' der Krimireihe zu erklären. Ebenfalls bleibt zu bedenken, dass Greimas die Funktionen in Oppositionen gestellt hat, die sich gegenseitig bedingen. Für das hier erarbeitete Modell wurde bereits festgestellt, dass die Funktionen weniger stark durch Bedingungen verknüpft sind. Sie bedienen aber verschiedene Grade der Wissensvermittlung und können aufgrund dieses Umstandes ebenfalls in binäre Oppositionen gebracht werden. Vorerst sollen allerdings die Funktionen, die im weitesten Sinne einen speziellen Fall einer anderen Funktion beschreiben, ersetzt werden, um das Inventar auf ein handliches Maß zu reduzieren.

Die Funktionen um den privaten Konflikt der Ermittler werden durch eine einzige Funktion (E_PrivKon) ersetzt, da ohnehin

---

[139] Erzählung ist hier im weitesten Sinne gemeint. Mit Greimas' Modell wurde bereits auf die verschiedensten Ausdrucksformen wie Werbung, Architektur und Filmsynchronisationen angewendet.

[140] Vgl. Nöth, S. 113.

jede Funktion einen dramaturgischen Bogen beschreibt. Die Funktionen (E_Presse), (O_Umfeld) und (O_Ident) werden der ermittlerzentrierten Funktion (E_Routin) untergeordnet, da sie allesamt ermittlungstypische Vorgänge anzeigen. Eine Funktion einem anderen Aktanten zuzuordnen ist einerseits fragwürdig, andererseits wurde bereits festgestellt, dass das Medium Film der Zuordnung eine willkürliche Komponente gibt und eine Umsortierung wiederum legitimiert. Die Funktionen (E_RekTat), (E_Verdacht) und (E_ErlErm) werden der Funktion des Austausches der Ermittler (E_Bespr) untergeordnet, weil sie lediglich verschiedene Formen des Austausches beschreiben. Sie können innerhalb der Funktion als die Unterfunktionen ,Befehle', ,Verdachtsäußerungen' und ,Faktenaustausch' unterschieden werden. Der Funktion der Befragung (E_Befr) werden das Verhör (E_Verhör), die Informierung der Angehörigen (O_InfoAng), sowie die Beerdigung (O_Beerdng) untergeordnet. Die Anwesenheit der Ermittler auf einer Beerdigung stellt, aufgrund der Beobachtungsmöglichkeiten eine nicht-kommunikative Befragung dar. Ebenso bedeuten die Befragungen im Präsidium und das Gespräch mit den Angehörigen eine Befragung. Der Fund der Leiche (O_FundTat), sowie die Einführung der Tat (T_Tat) können zusammen mit dem weiteren Tatbestand (T_WeitTat) die Funktion (T_Tat) bilden. Die Jagd auf den Täter (T_JagdTät) ist von der Handlung her eine ,Versuchte Festnahme' (T_VersFestn). Die Funktionen (E_Ruf) und (E_Tatort) könnten umformuliert werden zu ,Ermittler nimmt Fall auf'. Da die ,Tatortbegehung' für den *Tatort* allerdings absolut konstitutiv ist, bleiben die zwei Funktionen hier bestehen. Würde das Korpus ausgedehnt werden und auch andere Krimis mit dem Inventar analysiert werden, wäre es allerdings ratsam die Funktionen zu verknüpfen. Fasst man die Funktionen, soweit möglich, in Oppositionen, ergibt sich nun folgendes Inventar:

1. Die Tat (T_Tat) vs. Verhinderung Tat (E_VerhTat)

2. Kommentar zur Festnahme (T_Komment) vs. Ruf zum Tatort (E_Ruf)

Tatortbegehung (E_Tatort)

Die Tat und ihre Verhinderung stehen sich gegenüber, ebenso die Aufnahme des Falls und der Kommentar, also die Abgabe des Falles. Zur Festnahme steht die nicht geglückte Festnahme in Opposition:

3. Festnahme (T_Festn) vs. Versuchte Festnahme (T_VersFestn)

Die Info durch den Sachverständigen, also die Hilfe durch den Adjuvanten, steht dem Verbot und damit der bereits in Opposition vorliegenden Funktion ‚Behinderung Ermittler' gegenüber, da in dieser Funktion der Opponent wirkt:

4. Info Sachverständiger (E_InfoSach) vs.

Behinderung der Ermittler (E_Verbot)

Aufhebung Behinderung (E_VerbotAuf)

5. Privater Konflikt der Ermittler (E_PrivKon) vs.

Verdeckte Ermittlung (E_VerErm) vs.

Überschneidung Privatleben/ Fall (E_Priv/Fall)

Bei 5. ergibt sich eine Kette mit Mittlerfunktion. Laut Greimas sind ‚Mittler' grundsätzlich möglich, auch wenn er sie in seinem Funktionsinventar nicht berücksichtigt.[141] Als Mittlerfunktion zwischen diesem Paar, das ein Höchstmaß an dienstlichen und privaten Verpflichtungen einander gegenüberstellt, steht die Funktion der Überschneidung von Fall und Privatleben (E_Priv/Fall). Der Austausch der Ermittler (E_Bespr) und das Finden der Lösung (E_Begreif) können durch die Seme ‚suchend' und ‚findend', bezogen auf die Lösung des Falles, oppositionell angeordnet werden. Dem gegenüber steht wiederum eine dritte Funktion, nämlich der Wissensvorsprung (T_Wissvorspr), weil er dem ermittlerkonzentriertem Wissen, die täterorientierten Informationen entgegensetzt.

---

141   Vgl. Greimas, S. 85.

6. Wissensvorsprung (T_Wissvorspr) vs. Austausch Ermittler (E_Bespr) „Aha"-Moment (E_Begreif)

7. Befragung (E_Befr) vs. Geständnis (T_Geständ)

Hier geht es um aktives und passives Erhalten von Informationen für die Ermittler.

8. Ermittlungsroutine (E_Routin) vs. Verstoß gg. Vorschrift (E_VerstVorschr)

Die Ermittler arbeiten einerseits für und mit dem Polizeiapparat, andererseits arbeiten sie gegen ihn gerichtet.

9. Ermittler in Gefahr (E_Gefahr) vs. Ermittler wendet List an (E_List)

Dieses Paar konstituiert sich durch das Verfügen und den Verlust von Kontrolle über die Situation.

10. Atmosphärisches Element (E/O/T_Atmo)

Das Inventar ist nun in überschaubare Konstellationen aufgeteilt und auf 23 Funktionen bzw. 10 Funktionskategorien beschränkt. In einer exemplarischen Analyse soll damit die Struktur einer Folge der Krimireihe abgebildet werden.

6. Die Gegenüberstellung:
Der *Tatort* in seiner Entwicklung

Nachdem die ersten Krimis, die in der BRD ausgestrahlt wurden, US-amerikanische Produktionen waren, ging mit *Stahlnetz* 1958 die erste deutsche Krimireihe auf Sendung. Diese war angelehnt an authentische Fälle bzw. gab vor diese abzubilden. Dem dagegen rein fiktiven *Tatort* folgte ein Jahr später, also 1971, die ostdeutsche Produktion *Polizeiruf 110*, die zwar keine tatsächlichen Fälle wiedergab, aber unter Rücksprache mit der Kriminalpolizei produziert wurde.[142] Als kurz nach der deutschen Wiedervereinigung der ostdeutsche Rundfunk in die ARD eingegliedert wurde, wurden auch die Schauplätze des *Polizeiruf 110*, der ähnlich wie der *Tatort* föderal produziert wurde und noch immer wird, auf die gesamte Bundesrepublik ausgedehnt. Die Sendung scheint in ihrer Struktur, ähnlich wie der *Tatort,* eine klassische Whodunit-Dramaturgie zu bedienen und beide Reihen haben gleichbleibende Städte und Ermittler als Konstitutionsmerkmal. Gemeinhin soll im *Polizeiruf 110* den Psychogrammen der Täter und Opfer mehr Raum eingeräumt werden, als den Ermittlern. Trotzdem werden *Tatort* und *Polizeiruf 110* häufig als besonders ähnlich beschrieben, z.B. meint Ingrid Brück, „dass beide Reihen nicht so klar voneinander unterscheidbar sind, wie das die Verantwortlichen gerne hätten – und das scheint mehr ein Problem des neuen Polizeirufs als des alteingesessenen Tatorts zu sein".[143] Es bliebe demnach zu untersuchen, ob sich das Funktionsinventar nicht auch für diese Reihe anwenden ließe. Ebenfalls scheinen beide Serien bzw. Reihen das Phänomen der Binäropposition ,staatliches Recht' vs. ,moralisches Recht' zu verwirklichen, welches in Kapitel 5.4 mittels semiotischem Quadrat erläutert wurde. „Recht und Gesetz wurden nicht prinzipiell demontiert, aber zumindest partiell auf der moralischen Ebene hinterfragt und in einen größeren gesellschaftspolitischen Zusammenhang gestellt."[144] Dies war in beiden Reihen nicht gleich von Beginn an der Fall. Während die ersten Folgen des *Polizeirufs* die „Zuschauer eigentlich stets in eine von Verbrechern gereinigte Welt" entließen, bildete auch der *Tatort*

---

[142] Vgl. Brück, S.4.
[143] Ebd., S. 259.
[144] Brück, S. 171.

vorwiegend klare ‚Gut'- und ‚Böse'-Schemata ab.[145] Durch einen entsprechenden mediensoziologischen Vergleich könnte eventuell ein Zusammenhang zwischen sozialen und wirtschaftlichen Entwicklungen der Bundesrepublik und dem Vorkommen von klaren und unklaren ‚Gut'- und ‚Böse'-Kategorien im Kriminalfilm hergestellt werden. So scheint eine deutliche Kategorisierung von ‚guten' und ‚schlechten' Figuren den Zuschauern besondere Sicherheit bezüglich der Zuordnung zu geben und es fällt leichter ein Urteil über die jeweilige Figur zu fällen. Zum Beispiel war der erste *Tatort*-Kommissar, Paul Trimmel, ein noch recht autoritärer Charakter, der 1970, wie Dietrich Leder begründet, noch mit der Nazi-Vergangenheit der Polizei in der Bundesrepublik zu tun hatte und für die damalige Vätergeneration stand.[146] Wenig später folgte entsprechend der eher antiautoritäre Zollfahnder Kressin. Die ersten Kommissare hatten weder ein Privatleben, noch waren sie an Geld interessiert und galten als unkorrumpierbar. Sie standen für ihren Arbeitgeber, den Rechtsstaat, vollkommen ein und lebten nur für ihre Aufgabe.[147] Dies änderte sich mit dem Ermittler Horst Schimanski, der selbst eine Vergangenheit als Kleinkrimineller hinter sich hat und stets seinen gesamten Schatz an Emotionen, Pflichtgefühl, aber auch moralischen Bedenken und Affekthandlungen in die Ermittlungen einbringt. Da Genres laut John Fiske, „in einer beständigen Transgression befindlich" sind, was er allgemein am Beispiel der Serie verdeutlicht, haben sich auch die thematisierten Verbrechensbereiche des *Tatorts* geändert bzw. weiterentwickelt.[148] Thomas Koebner sammelte 1990 in einer *Tatort*-Kritik Verbrechenstopoi, die seiner Meinung nach, innerhalb der Reihe noch nicht bedient wurden. Darunter ‚organisiertes Verbrechen', ‚Terrorismus' und ‚ungesühnte Verbrechen'.[149] Bis auf den Terrorismus, der es immerhin schon in James Bond-Filme geschafft hat,[150] sind die genannten Motive in den letzten Jahren durchaus im *Tatort* aufge-

---

[145]   Kade, S. 118.

[146]   Leder, S. 6.

[147]   Vgl. Koebner, S. 17.

[148]   Zitiert nach Blättler-Ganz, in: Mattscheibe oder Bildschirm, S. 272.

[149]   Vgl. Koebner, S. 16.

[150]   In *Casino Royale* jagt 007 einen für eine Terrororganisation arbeitenden Börsenspekulanten. Für den *Tatort* ließe sich eventuell die Folge *Schatten* nennen, in der zumindest im weitesten Sinne die RAF thematisiert wird.

taucht. Organisiertes Verbrechen wurde jüngst in der Saarbrücker Folge *Tödliche Tarnung* im März 2009 thematisiert und scheint durch den verdeckt arbeitenden Hamburger Ermittler Cenk Batu in Zukunft häufiger im Blickpunkt zu stehen. Ungesühnte Verbrechen bleiben zwar eine Seltenheit im *Tatort*, was in der Narratologie schlicht damit zu erklären ist, dass die im Krimi entstehende ,suspense' einer Auflösung bedarf, um Zuschauererwartungen entgegen zu kommen. Dennoch gibt es Beispiele für solche Filme, von denen *Investigativ* bereits in Kap. 3.2 genannt wurde. Hinzu kommt, dass durch das Verschwimmen der Opfer/Täter-Rollen Verbrechen zwar gesühnt werden, aber aufgrund des ,moralischen Rechts' eine gewisse Infragestellung des Rechtssystems entsteht. In seinem Artikel fordert Koebner für den *Tatort* auch mehr Mitleid seitens der Kommissare und Kommissarinnen, mehr Schock über den Tod und mehr Wandel der Ermittler-Charaktere. Für die erste Forderung lässt sich feststellen, dass sie bereits eingetreten ist. Zum Beispiel bringt der Fall *Der glückliche Tod* um ein an Mukoviszidose leidendes Kind die sonst eher rationale Lena Odenthal an ihre emotionalen Grenzen, und rührt sie schließlich zu Tränen. Nicht jeder Kommissar wird so in den Fall verwickelt, und Mitleid bleibt häufig den Kommissarinnen vorbehalten. Dennoch sind emotionale Involvierungen in die Fälle keine Seltenheit mehr. Der Schock über den Tod wurde seit 1990 vermutlich nicht ausgeprägter, in einigen Fällen wird allerdings ein gewisser Respekt deutlich. Eine Eigenschaft vom Konstanzer Kai Perlmann ist so z.B. seine Unfähigkeit Leichen zu betrachten. Im Wiener Film *Elvis lebt* fällt die junge Kommissarin beim Betrachten ihrer ersten Leiche in Ohnmacht und ein sehr typischer Satz während der Tatortbegehung lautet „Wer macht so was?". Eine gewisse professionelle, rationale Grundhaltung kann den Ermittlerfiguren wiederum nicht verübelt werden, da sie sonst eventuell unglaubwürdig wirkten. Immerhin scheinen die Fernseh-Beamten etwas sensibler für den Tod und das nachsichziehende Leid geworden zu sein. Die Forderung nach mehr Wandel innerhalb der Figuren kann so bestehen bleiben, da bisher kein Kommissar unehrenhaft entlassen wurde oder eine wirklich frappierende Wandlung durchgemacht hat. Tatsächlich bliebe dies wünschenswert, dürfte aber ebenso problematisch bleiben, da die Rundfunkanstalten um den beliebtesten Kommissar konkurrieren und ein extremer Wandel einer bestehenden Figur riskant wäre. Der jüngste Kommissar der Reihe, der erst vor kurzem in Hamburg seinen Einstand feierte, bot alleine durch seinen Einsatz ein solches Risiko. Zum ersten Mal gibt es im *Tatort* einen Ermittler, der ausschließlich verdeckt ermittelt. Dass dies in nur einer Stadt im realen Leben ein Problem darstellen könnte, fällt unter Authentizitätsfragen und soll hier nicht thematisiert werden. Mit Cenk Batu, gleichfalls der erste Ermittler türkischer Abstammung, beginnt, sofern die Sendung nicht abgesetzt wird, eine neue Ära des *Tatorts*. Es scheint die Rückkehr zum Alleskönner zu sein, zum Ermittler der so genannten ‚Hard-boiled school' und vielleicht auch zu klaren schwarz/weiß-Strukturen. ‚Hard-boiled' nennen sich „Detektive bzw. Detektivgeschichten bei denen das analytische Moment in den Hintergrund tritt und das aktionistische in den Vordergrund".[151] In *Auf der Sonnenseite* präsentiert sich der neue Hamburger mit überdimensionalem Selbstbewusstsein, sagt Sätze wie „Vertrau mir" und schlägt, entgegen jeglicher dienstlicher Befugnisse, einen Widersacher k.o., nur um sein Büro durchsuchen zu können. Es gibt keine Wissensvorsprünge des Zuschauers mehr, das alte Whodunit-Schema scheint unbrauchbar geworden zu sein. Dass es sich um einen bewussten Bruch mit dem alten *Tatort* handelt, wird deutlich, als Cenk Batu in einer Szene von Beamten der Hamburger Kripo festgenommen wird, da die Beamten ihn für sein Alter-Ego halten. Hier wird der alte *Tatort* völlig karikiert. Die Kripobeamten, die im Prinzip Batus Vorgänger Holicek und Castorff sein könnten, werden als dümmliche Dorfpolizisten dargestellt. Der eine korpulent und unmotiviert, der andere aggressiv und diskriminierend, decken sie durch ihr Verhalten die vermeintliche Unzulänglichkeit des regulären Polizeiapparates, der regulären Kriminalpolizei des *Tatorts* auf.

---

[151] Nusser, S. 118.

7. Schleierfahndung: Exemplarische Analyse anhand des Münchener *Tatorts Nur ein Spiel*

Für die exemplarische Analyse wurde die Münchener Folge *Nur ein Spiel* ausgewählt, die am 22.5.2005 erstausgestrahlt wurde. Die Rundfunkanstalt des Films, der Bayerische Rundfunk, wurde bevorzugt, weil der BR ausgesprochen viele *Tatorte* zum Projekt beisteuert. Die auftretenden Ermittler Ivo Batic und Franz Leitmeyer sind inzwischen schon 52 mal gemeinsam auf Mörderjagd gegangen und sind damit die derzeit dienstältesten Kommissare der ARD.

7.1 Strukturformel

Die Folge soll mit ihrer Formel und ihrem Inhalt gleichzeitig dargestellt werden, um das Verfahren möglichst deutlich zu demonstrieren. Der Fall beginnt mit einem Mann, der offenbar in freudiger Erwartung mit dem Auto ein ihm unbekanntes Ziel ansteuert. Zwischendurch schaut er auf den Ausdruck einer E-Mail, die von einem „Stephan Tozcec" zu stammen scheint und die Angabe des angeblichen Treffpunktes beinhaltet. Vor dem Hintergrund eines Meeres erfolgt die Titeleinblendung „NUREINSPIEL", die von Tippgeräuschen untermalt wird und somit bereits eine semantische Verbindung zur ausgedruckten E-Mail schafft. In der nächsten Szene steht eine junge Frau an einem Fenster. Es herrscht Urlaubsatmosphäre. Sie telefoniert, erreicht aber lediglich die Mailbox von „Michael Klaes". Betroffen dreht sie sich um und wirft einen Blick auf einen auf der Kommode liegenden Schwangerschaftstest. Erneut wählt sie eine Nummer am Telefon. Wieder wird der Fahrer im Auto dagegen montiert. Diesmal wird das Auto von außen gezeigt, wie es gerade auf einen Hof fährt. In Parallelmontage tritt erneut die junge Frau am Telefon auf. Diesmal nimmt jemand ihren Anruf entgegen und sie begrüßt ihn mit „Hallo Papa!". Die Sequenzen werden nun zusammengeführt, der Mann aus dem Auto ist offensichtlich ihr Vater und begrüßt sie mit „Hallo Ellen!". Offensichtlich haben die beiden lange nicht miteinander gesprochen. Er teilt ihr mit, dass er heute

„Tozcec, unser geniales Phantom" treffen wird. Bevor sie ihm ihr Anliegen mitteilen kann, legt er auf. In Vogelperspektive wird gezeigt, wie er mit einer Flasche in der Hand den Hof hinunter läuft. In der nächsten Szene kommt er aus einem Fahrstuhl und durch-

Die Champagnerflasche schlägt durchs Fenster.

quert eine Glastür auf der „Tozcec" geschrieben steht. Er ruft nach dem Namensträger, im nächsten Moment ist ein Klirren zu hören, er dreht sich um und scheint jemanden auf sich zukommen zu sehen. Er lacht etwas höhnisch, bis er den Ernst der Lage zu begreifen scheint. Die Perspektive wechselt, der Mann ist nun durch ein Glasfenster von hinten zu sehen. Im nächsten Moment fallen drei Schüsse und Blut spritzt an das Fenster. Die Champagnerfalsche schlägt durch die Glasscheibe und zerspringt in Zeitlupe auf dem Pflaster im Hof. Allein diese ca. vierminütige Sequenz bildet die Funktion (T_Tat) in Kopplung mit einem Wissensvorsprung der Zuschauer, weil die Tochter des Opfers eingeführt wurde. Bislang sieht die Struktur der ersten vier Minuten wie folgt aus:

$$...(T\_Tat)1 \rightarrow (T\_Wissvorspr)1 \rightarrow (T\_Tat)1 \rightarrow$$

$$\rightarrow \frac{(T\_Wissvorspr)1}{(T\_Tat)1} \rightarrow (T\_Tat)1...$$

Die Zahlen hinter den Funktionsangaben dienen dazu, eine dramaturgisch zusammenhängende Sequenz zu markieren. Als die Tochter den Vater anruft, überschneiden sich der Wissensvorsprung und die Einführung der Tat. Von da an wird die Tochter nicht weiter gezeigt, sondern nur noch der Tathergang, ohne den Täter zu verraten. Im ersten Hinweis erfährt der Zuschauer vom Anliegen der Tochter, nämlich ihrer Schwangerschaft. Im zweiten Hinweis wird klar, dass der Mann im Auto der Vater der jungen Frau ist und eine geschäftliche Verbindung zu einem Stephan Tozcec zu pflegen scheint. Diese recht detaillierte Szenenbeschreibung dient lediglich dazu aufzuzeigen, wie viel Inhalt in einer einzelnen Funktion stecken kann. Die folgenden Sequenzen werden weniger ausführlich beschrieben. Auf die Einführung der Tat folgt die Tatortbegehung:

...(E_Tatort)1 → (E_Befr)1 $_{+Hinweis}$ → (E_Tatort)1$_{+Hinweis}$ →

→ (E_PrivKon)1→ (E_Tatort)1$_{+Hinweis}$ → (E_InfoSach)→ (E_Befr)2 →

→ (T_Wissvorspr)2 →...

Während der Tatortbegehung, bei der zum ersten Mal die Ermittler auftauchen, wird der Hauswart von KHK Batic befragt. Der Hinweis besteht darin, dass ein Stephan Tozcec Büroräume im ansonsten leerstehenden Haus inoffiziell gemietet hat, dort aber nie persönlich gesehen wurde. Außerdem wird klar, dass es sich dabei um eine Werbeagentur handelt ((E_Tatort)1$_{+Hinweis}$). Während die zwei Ermittler zum Wagen gehen, sprechen sie über ihren Kollegen Carlo, der Urlaub hat. Sie untersuchen den Wagen des Toten, der inzwischen als Rolf Mading, ebenfalls aus der Werbebranche, identifiziert wurde, und finden die ausgedruckte E-Mail. Einer der Spurensicherer kommt hinzu und informiert Batic und Leitmeyr darüber, dass es sich bei der Tatwaffe um eine Sonderanfertigung handeln könnte. Ivo Batic ruft eine Dame aus der Werbeagentur des Opfers an und bittet um ein Gespräch. Im Wissensvorsprung ruft die Tochter des Opfers ihren Mann auf einem Segelboot an, informiert ihn über den Tod des Vaters und bittet ihn, mit ihr nach München zu fliegen.

...(E_PrivKon)1→ (E_Befr)3$_{+Hinweis}$ → (E_Befr)4$_{+Hinweis}$ →

→ (E_Befr)3$_{+Hinweis}$→ (E_Befr)4$_{+Hinweis}$→(E_Befr)3$_{+Hinweis}$ →

→(E_Befr)4$_{+Hinweis}$ →...

Während Ivo und Franz vor einer großen Villa warten, beklagt letzterer sich darüber, dass er seinen freien Tag aufgrund des Mordes abbrechen musste. Zuvor hat Ivo bereits seinen Neid über Carlos Brückentag geäußert, und so bleibt dies der dramaturgisch übergreifende private Konflikt. In der Villa, in der sich Madings Agentur befindet, befragen sie einen Angestellten des Opfers, Herrn Tellwang, der sie gemeinsam mit seinem Mops durch das Gebäude führt. Es stellt sich heraus, dass Stephan Tozcec ein anonymer Ideenlieferant für Werbestrategien war, der nur Tellwang, Mading selbst und Gunda Laux, einer weiteren Mitarbeiterin und Madings Lebensgefährtin, bekannt war. Mading war verwitwet und hat seine Frau bei einem Unfall verloren. Frau Laux kommt hinzu und führt Batic in ihre und Madings Privaträume ((E_Befr)4). Leitmeyr folgt Tellwang ins Büro. Die Handlung wird nun wieder in Parallelmontage dargestellt. Tellwang gibt zu Mading nicht gemocht zu haben, kann aber ein Alibi für die fragliche Zeit vorweisen. Frau Laux erzählt von Ellens Mann, der bis vor kurzem auch noch für die Firma gearbeitet hat, aber von seinem Schwiegervater gekündigt wurde. Die Befragung von Frau Laux mit beiden Kommissaren geht auf der Fahrt ins Präsidium weiter, weil sie sich einem Schmauchspurentest unterziehen muss:

...(E_Befr)4 $_{+Hinweis}$ → (E_Routin)1→ (E_Routin)2$_{+Hinweis}$→

→ (E_Befr)5$_{+Hinweis}$→ (E_Routin)1→ (E_Befr)5 →

→ (T_Wissvorspr)3 → (T_Wissvorspr)4 → (E_Bespr) →

→ (E_InfoSach) →(E_Bespr) → (E_PrivKon)1 →...

In einer Parrallelmontage versucht Franz Leitmeyr bei einer Bank Informationen über Stephan Tozcec zu erhalten ((E_Routin)1). Batic wartet am Flughafen auf Madings Tochter und ihren Mann und befragt derweil eine Dame am Schalter, ob es einen zur Tatzeit passenden Flug von Mallorca nach München gab, was diese verneint ((E_Routin)2). Danach nimmt er den Ehemann von Ellen, Michael

Klaes, mit ins Präsidium zur Identifizierung der Leiche und befragt ihn dabei zu seinem Verhältnis zum Schwiegervater ((E_Befr)5). Klaes hat ebenfalls ein Alibi, nämlich seinen Segelturn. Angeschlossen wird ein Gespräch zwischen Ellen und Laux, in dem Ellen erzählt, dass sie schwanger ist ((T_Wissvorspr)3). Kurz darauf trifft Klaes ein und Gunda Laux verlässt darauf das Haus. Zuhause

KHK Batic befragt die Angehörigen am Flughafen.

((T_Wissvorspr)4) findet Laux einen Revolver im Spülkasten der Toilette. Leitmeyr erzählt Batic, dass Tozcecs Konto in Österreich liegt, die verstorbene Frau von Mading ein Supermodel der 1980er Jahre war, und bei einem Autounfall vor genau 15 Jahren ums Leben gekommen ist. Franz trifft sich am ehemaligen Unfallort mit dem zuständigen Polizisten und erfährt, dass der Fahrer des Unfallwagens, Guido H., behauptet hätte, Mading hätte den Wagen mit seiner Frau und ihm von der Straße gedrängt. Ivo teilt Franz mit, dass keine Schmauchspuren bei Gunda Laux gefunden wurden. Oberkommissar Carlo Menzinger kommt hinzu und die beiden Kommissare ziehen ihn auf, weil er behauptet eine Wallfahrt gemacht zu haben. Franz erhält einen Anruf und teilt seinen zwei Kollegen danach mit, dass Stephan Tozcec Kellner in Österreich ist, und man offenbar seine Identität missbraucht hat:

...(E_Bespr) → (T_Wissvorspr)4 → (E_Befr)7 → (E_Befr)8+Hinweis →

→ (E_Befr)9+Hinweis →(T_Wissvorspr)5 → (E_Bespr) → (E_Befr)10

→ (T_Wissvorspr)6 → (T_VersFestn)1 →...

Die Drei vermuten, dass der Fotograf, der den Unfallwagen von Frau Madinger gefahren hat, die Identität Tozcecs missbraucht. Ellen wirft ihrem Mann vor, er hätte ihren Vater nicht gemocht, bis Kommissar Batic vor der Tür steht, um Ellen zu befragen. Beim

Hinausgehen befragt er ebenfalls Michael Klaes und findet heraus, dass Haus und Motorrad der Eheleute von Ellens Vater finanziert wurden. Carlo trifft sich mit Tellwang im Biergarten, um sein Alibi zu überprüfen. Die Kellnerin bestätigt, dass zumindest der Mops Ludwig zur besagten Zeit anwesend war. Als Carlo sich wieder auf den Weg macht, tritt Gunda Laux hinzu. Die beiden bezichtigen sich indirekt gegenseitig des Mordes ((T_Wissvorspr)5). Franz und Ivo erhalten eine Liste mit Namen von entsprechenden Waffenbesitzern. Franz teilt Ivo mit, dass Madinger Magenkrebs im Endstadium hatte. Carlo kommt hinzu und erzählt, dass die E-Mails von Tozcec aus einem Internetcafé in Innsbruck stammen. Laux, Tellwang und der Fotograf sollen überprüft werden. Ellen und Gunda kommen, um die Sachen Madings zu holen und werden dabei von Ivo befragt. Es stellt sich heraus, dass beide anscheinend nichts von der Krankheit ihres Vaters bzw. Partners gewusst haben. Im Auto gesteht Gunda Ellen, dass sie befürchtet, jemand wolle ihr den Mord in die Schuhe schieben. Kurz darauf behauptet Klaes Ellen gegenüber, man könne Gunda nicht trauen ((T_Wissvorspr)6). Die Kommissare Batic und Leitmeyr haben Guido Harras ausfindig gemacht, doch dieser flieht aus der Wohnung als die beiden sich als Polizeibeamte zu erkennen geben ((T_VersFestn)1). Ivo nimmt Harras fest und lässt Carlo zu seiner Bewachung kommen:

...(T_Festn) → (E_Befr)11₊Hinweis → (E_Bespr) → (T_VersFestn)2 →

→ (E_Befr)12 → (T_Wissvorspr)7 → (E_Befr)12 → (E_List) →

→ (T_Festn) → (E_Bespr) → (E_PrivKon)2 →...

Während die Beamten auf Carlo warten, befragen sie Harras und finden heraus, dass er mit Tellwang in Verbindung steht. Franz beschließt zu Tellwang zu fahren, während Ivo auf Carlo und Guido Harass vor dem Haus warten soll. Harass kann derweil flüchten ((T_VersFestn)2). Franz findet im Biergarten den Mops Ludwig alleine vor und wartet dort auf Tellwang. Laux, Tellwang und Harass besprechen sich derweil im Büro und der Zuschauer erfährt, dass die drei zusammen mit Michael Klaes die Tozcec-E-Mails geschrieben haben ((T_Wissvorspr)7). Die Fragilität des Wissensvorsprungs wird hier besonders deutlich: In der nächsten Szene kehrt Tellwang zurück in den Biergarten und Franz macht ihn darauf aufmerksam, dass er nun von dem Komplott um Tozcec weiß. Daher auch kein Hinweis in der Befragung ((E_Befr)12). In der darauf folgenden Sequenz nimmt Carlo Harass fest, als dieser versucht unbemerkt zurück in seine Wohnung zu schleichen. Carlo hat dort bereits auf ihn gewartet ((E_List)). Wieder im Präsidium, besprechen Ivo und Franz von wo die E-Mails an Mading geschickt wurden. Carlo kommt hinzu und man bespricht weiter die Alibis der Verdächtigen:

$$\rightarrow (E\_Bespr) \rightarrow (T\_Wissvorspr)8 \rightarrow \genfrac{}{}{0pt}{}{(E\_Routin)3}{(E\_Bespr)} \rightarrow$$

$$\rightarrow (T\_Wissvorspr)9 \rightarrow (E\_Befr)13 \rightarrow (E\_Befr)14 \rightarrow (E\_Bespr) \rightarrow$$

$$\rightarrow (E\_Befr)15_{+Hinweis} \rightarrow (E\_Befr)16 \rightarrow (E\_Befr)17 \rightarrow ...$$

In der nächsten Szene findet die Testamentseröffnung des Verstorbenen mit Ellen, ihrem Mann und dem Leiter von Madings Stiftung, Dr. Dreistätter, statt ((T_Wissvorspr)8). Ivo und Franz beobachten Dreistätter als er vom Notar kommt aus dem Auto heraus, und Franz bemerkt, dass er der Anwalt sei, der das Opfer vor der Mordanklage am Mord seiner Frau bewahrt habe. Michael und Ellen streiten, weil Michael meint, ihr Vater hätte ihr zu wenig vererbt. Er will die Firma. Als die beiden sich vor dem Gebäude des Notars trennen, steigt Kommissar Batic aus und befragt Ellen erneut. Ellen reagiert verschlossen auf Ivos Hinweis, dass ihr Vater seine eigene Frau und ihre Mutter getötet haben soll. Franz befragt den Notar und erzählt Ivo später, dass Dreistätter über die zwölf Millionen Euro, die Mading seiner Stiftung vermacht hat, frei verfügen kann. Im Präsidium wird Harass verhört und gesteht seine Involvierung im Tozcec-Komplott ((E_Befr)15_{+Hinweis}). Batic und Leitmeyr gehen auf die Beerdigung Madingers, wo Franz zufällig neben Michaels Mutter sitzt und mit ihr spricht. Ivo befragt kurz Tellwang, der ihm Madingers Steuerberater zeigt. Franz befragt Klaes' Mutter weiter zur Familie Madinger, erhält aber keine Hinweise.

...(E_Befr)16 → (E_Befr)18 → (T_Wissvorspr)10 →

→ (E_Befr)19$_{+Hinweis}$ → $\begin{array}{c}\text{(E\_Befr)19}_{+Hinweis}\\ \text{(T\_Geständ)}\end{array}$ →

→ (T_Wissvorspr)11 → (E_Bespr) → (E_Begreif) → (E_Befr)21→...

Die beiden Kommissare versuchen daraufhin Dreistätter zum Mord zu befragen, der reagiert jedoch gereizt und geht ((E_Befr)18). Im Wissensvorsprung des Zuschauers weist Michael Klaes seine Frau daraufhin, dass Gunda einmal bei einer Freundin eine Waffensammlung bestaunt hätte und kurz darauf verschwunden sei. Er versucht Ellen zu überzeugen, dass Gunda die Mörderin ist. KHK Batic befragt den Steuerberater Madingers und dessen Frau, und erfährt, dass der Frau bei einem Sommerfest auf dem die gesamte Familie Madinger anwesend war, eine Waffe aus ihrer Waffensammlung abhanden gekommen ist ((E_Befr)19$_{+Hinweis}$). Außerdem hätte es einen Eklat zwischen Michael Klaes und Madinger gegeben. Franz befragt erneut Guido Harass im Präsidium. Der streitet die Tat ab, gesteht aber die E-Mails abgeschickt zu haben. Ellen besucht Gunda Zuhause, die ihr die Waffe im Spülkasten zeigt. Außerdem stellt Ellen fest, dass Gunda die Waffe nicht genommen haben kann, weil sie auf dem Sommerfest einen Wespenstich erlitten hat und noch vor der Waffenvorführung in die Notaufnahme musste. Gunda gibt zu, hinter Tozcec zu stecken, und dass Michael der Urheber der Ideen ist, die unter diesem Namen verkauft wurden ((T_Wissvorspr)11). Als es an der Tür klingelt und Gunda bemerkt, dass es die Polizei ist, will Ellen das Passwort wissen, mit dem man als Tozcec ins Internet kommt. Es ist, und damit wird die Verbindung zum Titel klar, „NUREINSPIEL". Im Präsidium stellen Ivo und Franz fest, dass der Vorname Tozcecs in der letzten E-Mail anders geschrieben wurde als in den vorherigen, und dass sie als einzige nicht aus Österreich kam. Ivo erkennt daraufhin, dass der Absendeort der E-Mail, die Mading zu seinem Mörder führte, in der Nähe eines Privatflughafens liegt (E_Begreif). Am Flughafen wird ihnen bestätigt, dass am fraglichen Tag eine Maschine aus Mallorca gelandet ist. Franz verhört Tellwang, der zugibt an der Tozcec-Intrige beteiligt gewesen zu sein:

...(E_Befr)22$_{+Hinweis}$ → (T_Wissvorspr)12 → (E_Befr)23$_{+Hinweis}$ →

→ (E_Bespr) → (E_Befr)24$_{+Hinweis}$ → (E_Routin) → (E_Bespr) →

→ (T_Wissvorspr)13 →(T_VersFestn)3→ (E_Bespr)...

Ellen sitzt am Computer und gibt das Passwort ein ((T_Wissvorspr)12). Franz verhört Gunda, die zugibt in das Komplott involviert gewesen zu sein. Ivo ruft Franz an und sagt ihm, dass Klaes Flugzeug am Flughafen war und er damit der Täter ist. Gunda erzählt Franz von der Pistole im Spülkasten und, dass Ellen ebenfalls davon weiß ((E_Befr)24$_{+Hinweis}$). Franz stellt in Gundas Haus fest, dass die Waffe verschwunden ist und teilt es Ivo per Telefon mit (E_Bespr). Unbemerkt geht auf Carlos PC eine E-Mail ein und Ellen ist gleichzeitig im Auto zu sehen. Franz und Ivo stehen vor dem Haus der Klaes', konnten Michael aber nicht finden. Carlo teilt seinen Kollegen mit, dass er eine Nachricht von Tozcec an Michael Klaes abgefangen hat, in der Klaes zu einem Treffen am Tatort aufgefordert wird. Ivo und Franz verhandeln auf dem Weg zu dem leerstehenden Bürogebäude das Motiv Klaes':

$$...(E\_Bespr) → (T\_Wissvorspr)14 → (T\_Festn) → \begin{matrix} (T\_Komment) \\ (T\_Atmo) \end{matrix} → ...$$

Im Wissensvorsprung trifft Ellen am Tatort auf ihren Mann und zielt mit der Waffe auf ihn. Er nimmt sie ihr ab und flüchtet aufs Dach, von wo aus mehrere eintreffende Polizeiwagen zu sehen sind ((T_Wissvorspr)14). Auf dem Dach finden Ivo und Franz die beiden überraschenderweise schlafend und nehmen Klaes fest. Als Ivo Ellen bittet mitzukommen, bricht diese weinend zusammen und das letzte Bild zeigt aus der Vogelperspektive, wie man sie auf dem Dach zurücklässt. Aus dem Off wird die Szene mit langsamer Musik untermalt.

Die gesamte Folge konnte mit 74 Termen bzw. mit 15 Term-Kategorien dargestellt werden. Mit überwiegender Mehrheit konstituiert sich der Film allerdings aus Befragungen und den Wissensvorsprüngen des Zuschauers.

7.2 Aktantenmodel

Wird das Aktantenmodell auf *Nur ein Spiel* übertragen, wird schnell deutlich, dass sich die gleichen Probleme, wie bei den allgemeinen Vermutungen zum Modell in Kapitel 3.2 ergeben. Subjekt und Objekt sind einfach zu benennen und wie in Propps Variante als ‚Held' und ‚gesuchte Person' zu bezeichnen. Die Akteure KHK Batic und Leitmeyr und zeitweise auch OK Carlo Menzinger ergeben zusammen den Aktanten ‚Subjekt' bzw. ‚Held'. Das ‚Objekt' bzw. die gesuchte Person ist der Täter, der sich erst am Ende als Michael Klaes herausstellt. Die Beziehung zwischen Kommissaren und Täter ist durch Begehren gekennzeichnet, denn die Ermittler möchten den Fall lösen und den Straftäter seiner Verhaftung zuführen. Die Umstandspartizipianten, also ‚Opponent' und ‚Adjuvant' sind ebenfalls klar herausgestellt. Adjuvanten, also Helfer, sind alle Akteure, die sachdienliche Informationen beigetragen haben, ohne etwas zu verheimlichen oder selbst an der Tat beteiligt gewesen zu sein. Darunter fallen Ellen, die Mutter Michael Klaes', der Sachverständige am Tatort, in diesem Fall ein Waffenexperte, sowie die Schalterdame am Flughafen, der Steuerberater und seine Frau und der Mitarbeiter am Privatflugplatz. Unter die Opponenten fallen alle Verdächtigen, die zwar Hinweise gegeben haben, aber durch Verschweigen von Tatsachen die Ermittlungen aufgehalten haben. Darunter fallen hier Tellwang, Guido Harass und Gunda Laux. Letztere macht allerdings eine Wandlung durch und gesteht am Ende Ellen gegenüber alles. Sie weist auch KHK Leitmeyr später darauf hin, dass man einen Revolver in ihrer Wohnung versteckt hat. Daher ließe sich behaupten sie würde am Ende zum Adjuvanten. Problematisch wird es bei den Aktanten ‚Adressant' und ‚Adressat'. Hier gäbe es, wie beim ersten Versuch, verschiedene interpretatorische Möglichkeiten. So könnte der Adressant, also der Sender z.B. Ellen sein, weil sie den Mörder ihres Vaters einer gerechten Strafe zuführen will. Im Film gibt es allerdings keinerlei Hinweise darauf, dass sie Interesse an der Ergreifung des Täters hätte. Eine weitere Möglichkeit wäre der Notar, der das Testament erst vollstrecken kann, sobald klar ist, wer der Mörder ist. Ebenso ließe sich Michael Klaes gleichzeitig als Adressant und Objekt bzw. Täter einsetzen, da er versucht den Verdacht auf Gunda Laux zu schieben, um am Ende die Firma Madingers übernehmen zu können. Außerdem ließen sich die in

Kapitel 3.2 genannten, abstrakteren Sender einsetzen wie ‚Rechtsstaat', etc. Ähnlich verhält es sich mit dem ‚Adressaten'. Hier ließe sich am ehesten Ellen einsetzen, da sie diejenige ist, für die die Ergreifung des Täters die größte Bedeutung hat: Sie verliert ihren Ehemann und Vater ihres Kindes, der sich wiederum als Mörder ihres eigenen Vaters herausstellt. Ebenso könnten hier die Kommissare eingesetzt werden, da sie letztendlich den Täter festnehmen und seiner Strafe zuführen. Die exemplarische Analyse bestätigt demnach, dass Greimas' Modell lediglich in reduzierter Form greift. ‚Subjekt', ‚Objekt', ‚Adjuvant' und ‚Opponent' sind klar zu benennen, wobei es durchaus Mischakteure zwischen ‚Adjuvant' und ‚Opponent' gibt, wie hier Gunda Laux. Ohnehin lässt sich erst am Ende der Folge festlegen, wer wirklich Helfer und wer Widersacher ist. Und eben diese Unmöglichkeit der Zuordnung scheint den Reiz des Krimis auszumachen. ‚Adressant' und ‚Adressat' scheinen für den *Tatort* bzw. für den Krimi zu abstrakte Kategorien zu sein, um sie tatsächlich mit Akteuren besetzen zu können. Hierfür mag es Ausnahmen geben, doch eine allgemeine Zuordnung für den Krimi scheint problematisch. Außerdem ist festzuhalten, dass die Abstraktion Greimas' zu ‚Subjekt' und ‚Objekt' für den *Tatort* nicht nötig zu sein scheint, da Propps ursprüngliche Variante vom ‚Helden' und der ‚gesuchten Person' für Märchen genauso wie für den Krimi passend ist.

7.3 Isotopien

Bei der Bestimmung der Isotopie stellt sich, wie bereits aufgezeigt, das Problem der Vorgehensweise. Für den vorliegenden Fall müsste die Bildsprache, d.h. Einstellungsgrößen, Perspektiven, Montagen, sowie Dialoge, Gesten und Ausdrücke auf darstellerischer Ebene etc. zuerst einzeln und dann gemeinsam im Kontext verglichen werden. Knut Hickethier bestätigt dies, wenn er schreibt:

> *Das Besondere des filmischen Textes liegt gerade darin, dass er Bedeutungen nicht nur jeweils auf der Ebene des gesprochenen Textes, des Abgebildeten, der Struktur der Bilder und ihrer Verbindung (Monta-*

ge) entstehen lässt, sondern dass diese Bedeutungen auch im Spiel der einzelnen Ausdrucks- und Mitteilungsebenen miteinander entstehen.[152]

Daher können in diesem Rahmen lediglich einzelne Hinweise auf bestehende Isotopien gegeben werden. Die bereits für jeden *Tatort* herausgearbeitete Isotopie ‚staatliches Recht' vs. ‚staatliches Unrecht' besteht in *Nur ein Spiel* ebenfalls und wird auch hier von der gegengerichteten Isotopie ‚moralisches Recht' vs. ‚moralisches Unrecht' ergänzt. Der Täter, der Unrecht begangen hat, wird dem Recht, also der Festnahme, zugeführt. Gleichzeitig wird aber ein moralischer Zweifel an der Figur des Opfers eingeführt. Rolf Mading wird von sämtlichen Angehörigen als ‚schwierig', ‚eigen' und ‚ruhmsüchtig' beschrieben. Außerdem kommt zu Tage, dass er anscheinend seine Frau getötet hat. Die Figur Rolf Madings wird also zur Figur an der Unrecht verübt würde, die aber selbst ebenfalls Unrecht verübt hat. Das eigentliche Opfer steht damit zwischen Täter- und Opferrolle. Das eigentliche Opfer scheint seine Tochter Ellen zu sein, der alle Angehörigen nach und nach durch moralisches wie auch staatliches (Un-)Recht abhanden kommen. In ihr laufen die binären Oppositionen zusammen. Weitere roter Fäden, die sich durch die gesamte Geschichte ziehen und das Setting des Films ausmachen, sind die binären Oppositionen ‚finanzieller Reichtum' vs. ‚finanzielle Armut', sowie in direkter Verbindung dazu ‚sozialer Reichtum' vs. ‚soziale Armut'. Das Milieu in dem der Fall stattfindet ist das einer finanziell gutsituierten Werbefirma. Durch die Nennungen von hohen Geldbeträgen und Reichtümern, wie „50.000 Euro", die Stephan Tozcec für seine Ideen erhalten hat, oder „12 Millionen Euro", „ein Haus auf Mallorca" und „1,5 Millionen Euro", die bei der Testamentseröffnung vergeben werden, wird finanzieller Reichtum symbolisiert. Als weitere Metapher kann die in Zeitlupe zu Boden fallende Flasche Champagner gewertet werden, die kurz nach der Tat aus dem Fenster in den Hof fällt. Dagegen stehen die Kommissare, die am Feiertag arbeiten müssen und bewundernd vor der Villa Madingers und dem Porsche Tellwangs stehen. Übergreifend ist hier interessant, dass in den ersten Folgen

---

[152] Hickethier, Knut: Film- und Fernsehanalyse, 3.überarb. Aufl., Stuttgart u. Weimar: Metzler 2001, (=Sammlung Metzler, Bd. 277, Realien zur Literatur), S. 24.

des Münchener Ermittlerteams, KHK Leitmeyr einen Porsche fuhr, für den er monatlich sein gesamtes Gehalt aufwenden musste. Später gab er ihn aus finanziellen Gründen auf. Einen Teil dieser binären Opposition macht die Teil-Isotopie des Urlaubs aus. Während Ellen in einem luxuriösen Haus auf Mallorca gezeigt wird und ihr Ehemann dort ein Segelboot und ein Privatflugzeug besitzt, erzählt Oberkommissar Menzinger, dass er an seinem Brückentag auf einem Berg meditiert hätte. Diese günstigere und kürzere Urlaubsvariante zeigt zum einen das wesentlich kleinere Budget des Polizeibeamten, gleichzeitig aber auch die entgegengesetzte Teil-Isotopie des sozialen Reichtums und der sozialen Armut. Auf einem Berg zu meditieren und es hinterher seinen Kollegen bzw. Freunden zu erzählen, zeugt von größerem sozialem Reichtum als Ellens, die ihrem Mann und ihrem Vater gerne von ihrer Schwangerschaft erzählen möchte, aber entweder telefonisch niemanden erreicht oder abgewimmelt wird. Mittlerin dieser Isotopien ist erneut die Figur Gunda Laux, die einerseits am Komplott gegen ihren Geliebten beteiligt ist, um mehr Geld zu bekommen, andererseits das Komplott am Ende verrät, um Ellen zu helfen. Sie steht demnach zwischen dem Begehren von finanziellem und sozialem Reichtum. Deutlich wird, dass die Isotopien hier vor allem an die Figuren und deren Milieu geknüpft sind. Ein weiterer Mittler zwischen den binären Oppositionen ist, wenn es auch überraschend klingen mag, der Mops Ludwig. Er ist der einzige Akteur, der zwischen finanziellem Reichtum und Armut nicht unterscheiden kann, dafür aber sozialen Reichtum anhäuft. Franz Leitmeyr, wie auch der Besitzer Tellwang, gehen mit dem Hund äußerst verspielt um. Er führt also Akteure, die oppositionelle Kategorien bedienen, zusammen. Daneben ließen sich weitere Isotopien, wie das Streben nach Reichtum und das Streben nach Gerechtigkeit isolieren. Ebenso ließe sich im Ehepaar Klaes die Gegensätzlichkeit von Passivität und Aktivität feststellen. Fraglich bleibt, inwiefern sämtliche rote Fäden durch weitere bildästhetische und auditive Aspekte unterstützt werden.

8. Das Urteil: Schlussbemerkungen

In „Romantik & Gewalt" meinen Georg Seeßlen und Bernt Kling, es „ließe sich für den Kriminalfilm sagen: Man wechselt nicht die *stories*, man wechselt die Helden".[153] Bis zu einem gewissen Grad konnte die vorliegende Arbeit diese These bestätigen. Es wurde aufgezeigt, dass zumindest die Kriminalreihe *Tatort* aus ständig wiederkehrenden Narratemen besteht. Die Individualisierung bzw. das Folgenspezifische der einzelnen Filme ist an die herausgearbeiteten Isotopien, die Benennbarkeit der Aktanten und die Anordnung des Funktioneninventars gekoppelt. Die übergeordneten Krimistrukturen bleiben in den überwiegenden Fällen gleich. Tun sie dies nicht, kann das erarbeitete Funktioneninventar dennoch greifen. Das Funktioneninventar beschreibt die automatisierte Folie des *Tatorts*, in deren Grenzen jedes politische oder gesellschaftliche Thema, wie auch inverted stories und Whodunit-Schemata Platz finden. Abweichungen von dieser Folie sind zumeist bewusste Verfremdungen und in erster Linie eins, nämlich selten. Selbst bei dem besonders individuell erscheinenden ‚neuen Hamburger' Cenk Batu bleibt fraglich, ob es sich nicht lediglich um eine Ausdehnung des Narratems ‚verdeckte Ermittlungen' handelt. Eine entsprechende Untersuchung könnte, allerdings erst in einigen Jahren, wenn mehrere Folgen unter diesem Konzept produziert wurden, interessant werden. In seinem Aufsatz gibt Meletinskji drei „morphologische Gesetze" von A.I. Nikiforov wieder: Das Gesetz der Wiederholung dynamischer Elemente „zum Zwecke der Verzögerung oder Verzweigung des allgemeinen Verlaufs", das „Gesetz des kompositionellen Mittelpunkts", wonach eine Erzählung mehrere gleichberechtigte oder nicht gleichberechtigte Helden aufweisen kann, sowie „das Gesetz der grammatischen Gestaltung der Handlung".[154] Die hier genannten Regeln der strukturell-morphologischen Forschung wurden für die Untersuchung der *Tatort*-Reihe eingehalten und bestätigt. In der exemplarischen Analyse wurde klar, dass durch die sich wiederholenden Elemente der Befragung und des Wissensvorsprungs der Zuschauer, der Handlungsverlauf bestimmt wird und durch Elemente wie die der ‚versuchten Festnahme' verzögert wird.

---

[153] Seeßlen, Georg u. Kling, Bernt: Romantik & Gewalt. Ein Lexikon der Unterhaltungsindustrie, München: Mainz 1973 (=Bd. 1), S. 303f.

[154] Meletinskji, in: Propp, S. 182.

Durch zurückgehaltene Hinweise innerhalb der Befragungen, wird die Handlung ebenfalls verzögert oder in verschiedene Bahnen gelenkt. Im Beispielfilm *Nur ein Spiel* waren die zwei ‚Helden‘, die Kommissare Leitmayr und Batic gleichberechtigt und wurden unterstützt von dem hierarchisch untergeordneten Oberkommissar Carlo Menzinger.

Die Grammatik des *Tatorts* wurde in der vorliegenden Untersuchung weitestgehend herausgearbeitet. Karl Eimermacher weißt in einem Nachwort zu Propps Untersuchung daraufhin, dass ‚neue‘ Methoden, wie die Propps wünschenswert sind, aber „reflektiert“ und „explizit“ sein müssen.[155] Dem Vorwurf der Ungenauigkeit muss sich das hier erstellte Funktioneninventar insoweit stellen, als dass eine exakte Analyse des Mediums Film über die Maße aufwendig ist. Auf Ebene der Anwendung bleibt allerdings zu sagen, dass Wert darauf gelegt wurde, das Inventar sowie die Aktantenmodelle so wenig abstrakt wie möglich zu halten und der Aufforderung Greimas’, ein System für die gesamte ‚erzählbare Welt‘ zu bedienen, nicht Folge geleistet wurde. Das Inventar ist in seinem Ursprung ausschließlich für die Fernsehreihe *Tatort* produziert worden. Bei näherem Hinsehen erschließen sich allerdings weitreichendere Möglichkeiten, wie z.B. die Möglichkeit der Anwendung auf so genannte Spin-Offs der Reihe. Darunter fallen der im Januar 2008 auf Sendung gegangene „Radio Tatort“, der ebenfalls föderal von einzelnen Radiosendern produziert wird. Zumindest für die Folge „Gewehr bei Fuß“, die im Oktober 2008 über den Äther lief, kann eine mögliche Anwendung des Inventars bestätigt werden. Für die Literatur, die häufig Vorlage zu den Fernseh-*Tatorten* ist, verhält es sich ähnlich. Bei „Bienzle und die letzte Beichte“, eine Erzählung von Felix Huby, lässt sich die Anwendbarkeit der Funktionen bestätigen.[156] Ebenso liegt die Vermutung nahe, dass die Serie *Polizeiruf 110* unter die gleiche Grammatik wie der *Tatort* fällt. Interessant wäre es, mögliche Unterschiede in Funktionenanordnung und -vorkommen zu untersuchen, da dieses Verfahren auch neue Schlüsse zum hier untersuchten Gegenstand zuließe. Eventuell könnten weitere Krimiserien mit dem aufgezeigten Verfahren strukturell gedeutet werden. Ein Vergleich zwischen ‚modernen‘ Serien, wie den amerikanischen Vorabendformaten könnte außerdem ergiebig sein. Für derartige

---

155   Eimermacher, Karl: Nachwort des Herausgebers, in: Propp, S. 225.
156   Vgl. Huby.

Untersuchungen wäre es in jedem Falle gewinnbringend soziologische Aspekte mit einzubeziehen. Zum Beispiel hält Umberto Eco Krimis für „narrative Angebote zur Deutung der Welt."[157] Ebenso hält Peter Nusser Krimis für Alternativen zu „Autorennen auf der Autobahn" oder „Sportveranstaltungen", spricht ihnen die viel postulierte Ventilfunktion zu.[158] Besonders der *Tatort* könnte für eine Analyse auf seine Ventilfunktion bzw. seine eskapistischen Qualitäten hin ergiebig sein und im Vergleich den Wandel des Bedürfnisses nach derartigen Angeboten in der Fernsehlandschaft deutlich machen.

---

[157]   Zitiert in Kade, S. 121.
[158]   Vgl. Nusser, S. 153.

9. Literatur- und Filmverzeichnis

9.1 Literatur

Adelmann, Ralf u.a (Hrsg.).: Grundlagentexte zur Fernsehwissenschaft. Theorie – Geschichte – Analyse, Konstanz: UVK-Verl.-Gesell. 2002 (= UTB für Wissenschaft, 2357).

Bauer, Ludwig: Authentizität, Mimesis, Fiktion. Fernsehunterhaltung und Integration von Realität am Beispiel des Kriminalsujets, München: Schaudig/Bauer/Ledig 1992, zugl. München Univ. Diss. 1991 (=Diskurs Film: Bibliothek, Bd. 3).

Beilenhoff, Wolfgang (Hrsg.): Poetika Kino. Theorie und Praxis des Films im russischen Formalismus, Frankfurt a.M.: Suhrkamp 2005.

Borstnar, Nils u.a.: Einführung in die Film- und Fernsehwissenschaft, Konstanz: UVK-Verl.-Gesell. 2002 (= UTB für Wissenschaft, 2362).

Brück, Ingrid; Guder, Andrea u.a.: Der Deutsche Fernsehkrimi. Eine Programm- und Produktionsgeschichte von den Anfängen bis heute, Weimar: Metzler 2003.

Du. Zeitschrift für Kultur (779): Tatort. Der Mord zum Sonntag, Nr. 8, September 2007.

Ganz-Blättler, Ursula: Der „Krimi" als narratives Genre. Theorieansätze und –befunde, in: Mattscheibe oder Bildschirm. Ästhetik des Fernsehens, hrg. v. Joachim von Gottberg u.a., Berlin: VISTAS 1999, S. 264-278.

Gottberg, Joachim von (Hrsg.): Mattscheibe oder Bildschirm. Ästhetik des Fernsehens, Berlin: Vistas 1999.

Greimas, Algirdas Julien: Strukturale Semantik. Methodologische Untersuchungen. Autoris. Übers. v. Jens Ihwe, Braunschweig: Friedr. Vieweg + Sohn 1971 (=Wissenschaftstheorie, Wissenschaft und Philosophie, Bd. 4).

Hartmann, Christiane: Von „Stahlnetz" zu „Tatort". 50 Jahre deutscher Fernsehkrimi, Marburg: Tectum 2003.

Hickethier, Knut: Film- und Fernsehanalyse, 3.überarb. Aufl., Stuttgart u. Weimar: Metzler 2001, (=Sammlung Metzler, Bd. 277, Realien zur Literatur).

Huby, Felix: Bienzle und die letzte Beichte, 2. Aufl., Frankfurt a.M.: Fischer 2005.

Kade, Jochen: "Tatort" und „Polizeiruf 110". Zur biographischen Kommunikation des Fernsehens in beiden deutschen Staaten, in: Bios, Vol. 9, 1996, No. 1, p. 114-126.

Khan, Sarah: Tatöd. Wir lieben Krimis immer mehr: Nur als Leiche wird dem Menschen so viel Aufmerksamkeit zuteil. Aber sonntags mal was anderes, wäre schon schön, in: Süddeutsche Zeitung, Nr. 67, 21./22.3.09, S.V2/3.

Koebner, Thomas: Tatort – zu Geschichte und Geist einer Kriminalfilm-Reihe, in: „Tatort: Normalität als Abenteuer", .Augen-Blick 9, Marburger Hefte zur Medienwissenschaft, hrsg. vom Institut für Neuere dt. Literatur Philipps-Universität Marburg, 1990, S. 7-32.

Krieg, Alexandra: Auf Spurensuche. Der Kriminalroman und seine Entwicklung von den Anfängen bis zur Gegenwart, Marburg; Tectum 2002, S. 33.

Leder, Dietrich: Ortsbegehungen. Diskussionsreihe Krimi: Der Tatort des WDR. Funk-Korrespondenz: 1997, J. 45, N. 40, S. 3-14.

Link, Jürgen: Literatursemiotik, in: Helmut Brackert u. Jörn Stückrath (Hrsg.) Literaturwissenschaft. Ein Grundkurs, 8. Aufl. Hamburg: Rowohlt 2004, S. 15-30.

Nöth, Winfried: Handbuch der Semiotik, 2., vollst. neu bearb. und erw. Aufl., Stuttgart [u.a.]: Metzler 2000.

Nusser, Peter: Der Kriminalroman, 3, akt. u. erw. Aufl., Weimar: Metzler 2003.

Ohno, Christine: Die semiotische Theorie der Pariser Schule. Ihre Grundlegung und ihre Entfaltungsmöglichkeiten, Würzburg: Königshausen & Neumann 2003 (=Bd.1).

Propp, Vladimir: Morphologie des Märchens, Hrsg. v. Karl Eimermacher, München: Hanser 1972.

Seeßlen, Georg u. Kling, Bernt: Romantik & Gewalt. Ein Lexikon der Unterhaltungsindustrie, München: Mainz 1973 (=Bd. 1).

Uthemann, Christiane: Die Darstellung von Taten, Tätern und Verbrechensopfern im Kriminalfilm des Fernsehens. Eine vergleichende inhaltsanalytische Untersuchung, zugl. Diss. Uni. Münster: o.A. 1990.

Viehoff, Reinhold (Hrsg.): Stahlnetz, Tatort, Polizeiruf 110. Transitions in German Police Series, Halle: o.A. 1998 (= HALMA, Hallische Medienarbeiten 8, 1998.).

Vogt, Jochen (Hrsg.): MedienMorde. Krimis intermedial, München: Fink 2005.

Wacker, Holger: Das große Tatort-Buch. Filme, Fakten und Figuren, Berlin: Henschel 2000.

Wenzel, Eike (Hrsg.): Ermittlungen in Sachen Tatort. Recherchen und Verhöre, Protokolle und Beweisfotos, Berlin: Bertz 2000.

Zwaenepoel, Tom: Fernsehkrimis "made in Germany". Eine inhaltliche und sprachlich-stilistische Analyse, Gent: Seminarie voor Duitse Taalkunde 1994 (=Studia Germanica Gandensia, 35).

9.2 Filmverzeichnis

Die Tatorte im Filmkorpus

Tatort-Berlin (RBB)

Todesbrücke
Drehbuch: Frauke Hunfeld,
Regie: Christine Hartmann,
Rundfunk Berlin-Brandenburg, Erstausstrahlung: 13.3.2005.

Liebe macht blind
Drehbuch: Stefan Rogall,
Regie: Peter Fratzscher,
Rundfunk Berlin Brandenburg, Erstausstrahlung: 19.11.2006.

Tatort-Bremen (BR)

Endspiel
Drehbuch: Britta Stöckle,
Regie: Ciro Cappellari,
Radio Bremen, Erstausstrahlung: 20.5.2002.

Schatten
Drehbuch u. Regie: Thorsten Näter,
Radio Bremen, Erstausstrahlung: 28.7.2002.

Requiem

Drehbuch u. Regie: Thorsten Näter,

Radio Bremen, Erstausstrahlung: 25.9.2005.

Tatort-Frankfurt (HR)

Janus

Drehbuch: Klaus-Peter Wolf,

Regie: Klaus Gietinger,

Hessischer Rundfunk, Erstausstrahlung: 18.4.2004.

Herzversagen

Drehbuch: Stephan Falk, Thomas Freundner,

Regie: Thomas Freundner,

Hessischer Rundfunk, Erstausstrahlung: 17.10.2004.

Tatort-Hamburg (NDR)

Blaues Blut

Drehbuch: Raimund Weber,

Regie: Helmut Förnbacher,

Norddeutscher Rundfunk, Erstausstrahlung: 9.1.2000.

Undercover

Drehbuch u. Regie: Thomas Bohn,

Norddeutscher Rundfunk, Erstausstrahlung: 27.10.2002.

Feuerkämpfer

Drehbuch u. Regie: Thomas Bohn,

Norddeutscher Rundfunk, Erstausstrahlung: 26.10.2008.

Tatort-Hannover (NDR)

Lastrumer Mischung
Drehbuch: Volkmar Nebe, Frank Hemjeoltmanns,
Regie: Thomas Jauch,
Norddeutscher Rundfunk, Erstausstrahlung: 7.4.2002.

Hexentanz
Drehbuch: Markus Stromiedel,
Regie: René Heisig,
Norddeutscher Rundfunk, Erstausstrahlung: 13.4.2003.

Sonne und Sturm
Drehbuch: Fred Breinersdorfer,
Regie: Thomas Jauch,
Norddeutscher Rundfunk, Erstausstrahlung: 2.11.2003.

Tatort-Kiel (NDR)

Stirb und Werde
Drehbuch: Orkun Ertener,
Regie: Claudia Garde,
Norddeutscher Rundfunk, Erstausstrahlung: 10.10.2004.

Mann über Bord
Drehbuch: Dorothee Schön,
Regie: Lars Becker,
Norddeutscher Rundfunk, Erstausstrahlung: 10.9.2006.

Tatort-Konstanz (SWR)

Der Schächter
Drehbuch: Fred Breinersdorfer,
Regie: Jobst Oetzmann,
Südwestrundfunk, Erstausstrahlung: 7.12.2003.

Bitteres Brot
Drehbuch: Dorothee Schön,
Regie: Jürgen Bretzinger,
Südwestrundfunk, Erstausstrahlung: 18.1.2004.
Der Name der Orchidee
Drehbuch: Dorothee Schön,
Regie: Jürgen Bretzinger,
Südwestrundfunk, Erstausstrahlung: 6.3.2005.

Tatort-Köln (WDR)

Schützlinge
Drehbuch: Sönke Lars Neuwöhner, Sven Poser,
Regie: Martin Eigler,
Westdeutscher Rundfunk, Erstausstrahlung: 3.3.2002.

Mutterliebe
Drehbuch: Züli Aladag, Feo Aladag,
Regie: Züli Aladag,
Westdeutscher Rundfunk, Erstausstrahlung: 23.3.2003.

Bermuda

Drehbuch: Scarlett Kleint, Roswitha Seidel,

Regie: Manfred Stelzer,

Westdeutscher Rundfunk, Erstausstrahlung: 14.9.2003.

Liebe am Nachmittag

Drehbuch: Norbert Ehry,

Regie: Manuel Flurin Hendry,

Westdeutscher Rundfunk, Erstausstrahlung: 5.11.2006.

Tatort-Leipzig (MDR)

Todesfahrt

Drehbuch: Christian Limmer,

Regie: Udo Witte,

Bayerischer Rundfunk, Erstausstrahlung: 20.1.2002.

Tiefer Fall

Drehbuch: Pim Richter

Regie: Thomas Freundner

Mitteldeutscher Rundfunk, Erstausstrahlung: 12.6.2005.

Tatort-Ludwigshafen (SWR)

Fette Krieger

Drehbuch: Martin Ritzenhoff,

Buchbearbeitung: Dominik Reeding,

Regie: Dominik Reeding,

Südwestrundfunk, Erstausstrahlung: 15.7.2001.

Leyla

Drehbuch: Harald Göckeritz,

Regie: Martin Weinhart,

Südwestrundfunk, Erstausstrahlung: 31.8.2003.

Tatort-München (BR)

Viktualienmarkt

Drehbuch: Ingmar Gregorzewski, Berthold Mittermayr,

Regie: Berthold Mittermayr,

Bayerischer Rundfunk, Erstausstrahlung: 12.3.2000.

Einmal täglich

Drehbuch: Markus Stromiedel,

Regie: Peter Fratzscher,

Bayerischer Rundfunk, Erstausstrahlung: 29.10.2000.

Ein mörderisches Märchen

Drehbuch: Daniel Martin Eckhart,

Regie: Manuel Siebenmann,

Bayerischer Rundfunk, Erstausstrahlung: 4.3.2001.

Im freien Fall

Drehbuch: Alexander Adolph,

Regie: Jobst Oetzmann,

Bayerischer Rundfunk, Erstausstrahlung: 4.11.2001.

Und dahinter liegt New York

Drehbuch: Friedrich Ani,

Regie: Friedemann Fromm,

Bayerischer Rundfunk, Erstausstrahlung: 23.12.2001.

Der Fremdwohner
Drehbuch: Markus Fenner,
Regie: Peter Fratzscher,
Bayerischer Rundfunk, Erstausstrahlung: 17.11.2002.

Wenn Frauen Austern essen
Drehbuch: Peter Probst,
Regie: Klaus Emmerich,
Bayerischer Rundfunk, Erstausstrahlung: 12.10.2003.

Sechs zum Essen
Drehbuch: Stefanie Kremser,
Regie: Fillipos Tsitos,
Bayerischer Rundfunk, Erstausstrahlung: 2.5.2004.

Nur ein Spiel
Drehbuch: Peter Zingler, Ulli Stephan,
Regie: Manuel Siebenmann,
Bayerischer Rundfunk, Erstausstrahlung: 22.5.2005.

Tatort-Münster (WDR)

Dreimal schwarzer Kater
Drehbuch: Jan Hinter u. Stephan Cantz,
Regie: Buddy Giovinazzo,
Westdeutscher Rundfunk, Erstausstrahlung: 19.10.2003.

Das ewig Böse
Drehbuch u. Regie: Rainer Matsutani,
Westdeutscher Rundfunk, Erstausstrahlung: 5.2.2006.

Tatort-Saarbrücken (SR)

Rache-Engel
Drehbuch: Jochen Senf,
Andreas Föhr u.Thomas Letocha,
Regie: Robert Sigl,
Saarländischer Rundfunk, Erstausstrahlung: 13.11.2005.

Tatort-Stuttgart (SWR)

Bienzle und der süsse Tod
Drehbuch: Felix Huby, Zoro Solomun,
Regie: Arend Agthe,
Südwestrundfunk, Erstausstrahlung: 14.7.2002.

Bienzle und der Tod im Teig
Drehbuch: Felix Huby,
Regie: Hartmut Griesmayr,
Südwestrundfunk, Erstausstrahlung: 2.3.2003.

Bienzle und der steinerne Gast
Drehbuch: Felix Huby,
Regie: Hartmut Griesmayr,
Südwestrundfunk, Erstausstrahlung: 25.7.2004.

Tatort-Wien (ÖR)

Elvis lebt!
Drehbuch: Felix Mitterer,
Regie: Peter Sämann,
Österreichischer Rundfunk, Erstausstrahlung: 11.7.2002.

Tödliche Tagung
Drehbuch: Lukas Alexander,
Regie: Robert Adrian Pejo,
Österreichischer Rundfunk, Erstausstrahlung: 14.4.2002.

Weitere *Tatorte*

Quartett in Leipzig
Drehbuch: Hans-Werner Honert,
Fred Breinersdorfer u. Wolfgang Panzer,
Regie: Kaspar Heidelbach,
Mitteldeutscher Rundfunk,
Koproduktionssender: Westdeutscher Rundfunk,
Erstausstrahlung: 26.11.2000.

Das Böse
Drehbuch u. Regie:
Nikolaus Stein von Kamienski,
Hessischer Rundfunk, Erstausstrahlung: 21.12.2003.

Das verlorene Kind
Drehbuch: Jobst Christian Oetzmann u.
Magnus Vattrodt
Regie: Jobst Christian Oetzmann,
Bayerischer Rundfunk, Erstausstrahlung: 26.11.2006.

Der glückliche Tod
Drehbuch: André Georgi,
Regie: Aelrun Goette,
Südwestrundfunk, Erstausstrahlung: 5.10.2008.

Liebeshunger
Drehbuch: Rafael Solá Ferrer,
Regie: Thomas Bohn,
Norddeutscher Rundfunk, Erstausstrahlung: 11.3.2007.

Investigativ
Regie: Claudia Garde,
Buch: Christoph Silber u. Thorsten Wettcke,
Norddeutscher Rundfunk, Erstausstrahlung: 10.6.2007.

Brandmal
Drehbuch: Karl-Heinz Käfer,
Regie: Maris Pfeiffer,
Westdeutscher Rundfunk, Erstausstrahlung: 19.10.2008.

Auf der Sonnenseite

Drehbuch: Thorsten Wettcke u. Christoph Silber,

Regie: Richard Huber,

Norddeutscher Rundfunk, Erstausstrahlung: 26.10.2008.

Der tote Chinese

Buch: Hendrik Handloegten u. David Keller,

Regie: Hendrik Handloegten,

Hessischer Rundfunk, Erstausstrahlung: 28.12.2008.

Weitere Filme bzw. Serien

Criminal Intent – Verbrechen im Visier

Originaltitel: Law & Order: Criminal Intent,

Produktionsland: USA,

Produktionsjahr: seit 2001,

Idee: Dick Wolf,

National Broadcasting Company,

Erstausstrahlung: 30.9.2001,

Deutsche Erstausstrahlung: 2.8.2004 auf VOX.

Medium – Nichts bleibt verborgen

Originaltitel: Medium,

Produktionsland: USA,

Produktionsjahr: seit 2005,

Idee: Glenn Gordon Caron,

National Broadcasting Company,

Erstausstrahlung: 3.1.2005,

Deutsche Erstausstrahlung: 15.3.2006 auf kabel eins.

	Und dahinter liegt New York, München, 2000	Blaues Blut, Hamburg, 2000	Visualisierung, München, 2000	Einmal täglich, München, 2000	Todesfahrt, Berlin, 2000	Ein mörderisches Märchen, München, 2001	Undercover, Hamburg, 2001	Elvis lebt, Wien, 2001	Im freien Fall, München, 2001	Fette Krieger, Ludwigshafen, 2001	Der Fremdwohner, München, 2001	Endspiel, Bremen, 2002	Schatten, Bremen, 2002	Lastrumer Mischung, Hannover, 2002	Schützinge, Köln, 2002	Brennende und der süße Tod, Stuttgart, 2002	Sonne und Sturm, Wien, 2002	Dreimal schwarzer Kater, München, 2003	Tödliche Tagung, Hannover, 2003	Wenn Frauen Austern essen, München, 2003	Hexentanz, Münster, 2003	Der Schlüchter, Konstanz, 2003	Blende u. d. Tod im Teig, Stuttgart, 2003	Bermuda, Köln, 2003	Mutterliebe, Köln, 2003	Leyla, Ludwigshafen, 2003	Blende u. d. steinerne Gäste, München, 2003	Sechs zum Essen, München, 2003	James, Frankfurt, 2004	Stirb und Werde, Kiel, 2004	Bitteres Brot, Konstanz, 2004	Herzversagen, Frankfurt, 2004	Nur ein Spiel, München, 2004	Requiem, Bremen, 2005	Der Rächerseel, München, 2005	Der Name der Orchidee, Berlin, 2005	Todesbrücke, Konstanz, 2005	Tiefer Fall, Leipzig, 2005	Wenn Böse Böse, Münster, 2006	Das ewig Böse, Kiel, 2006	Feuerkämpfer, Hamburg, 2006	Liebe macht blind, Berlin, 2006	Liebe am Nachmittag, Köln, 2006
Einführung Tat	X	X	X	X	X		X	X		X	X	X		X	X	X	X	X	X	X	X		X	X	X	X	X	X	X	X	X	X	X	X	X	X	X	X	X	X	X	X	X
Fund der Leiche				X			X					X				X		X	X	X		X	X				X	X				X	X	X								X	X
Ruf zum Tatort	X	X			X	X	X	X		X			X		X	X	X	X	X	X	X	X	X	X	X		X				X				X	X		X	X			X	X
Tatortbegehung	X		X	X	X	X	X	X		X			X	X	X	X	X	X	X	X	X	X	X	X	X		X				X		X		X	X	X	X	X	X	X	X	X
Info Sachverständiger		X	X	X	X	X	X			X	X			X		X	X	X	X	X	X		X	X	X		X				X		X		X	X		X	X			X	X
Einführung priv. Konflikt	X	X	X	X	X	X	X			X	X	X		X	X	X	X	X	X	X	X		X	X			X				X		X		X	X	X	X	X	X	X	X	X
Fortsetzung priv. Konflikt	X	X	X	X	X	X	X			X	X	X		X	X	X	X	X	X	X	X		X	X	X		X				X		X		X	X	X	X	X	X	X	X	X
Lösung priv. Konflikt	X		X	X		X	X			X	X	X		X	X	X	X	X	X	X	X		X	X			X											X	X	X	X	X	
Privatleben : Ermittlungen		X	X	X		X	X	X		X	X	X		X	X	X	X	X	X	X	X		X	X			X						X		X		X	X	X		X	X	X
Wissensvorspr. d. Zuschauers	X	X	X	X	X	X	X	X		X	X	X		X	X	X	X	X	X	X	X		X	X	X		X				X		X		X	X	X	X	X	X	X	X	X
Besichtigung Lebensumstände	X			X			X			X			X		X	X	X		X	X	X	X	X				X				X		X		X		X							
Info Angehörige	X	X			X					X																	X				X		X	X	X		X				X		
Identifizierung der Leiche			X		X		X													X							X				X	X			X		X				X		
Beerdigung					X										X								X		X		X				X				X	X	X						X
Befragung im Milieu	X	X	X	X	X	X	X	X	X	X	X	X	X	X	X	X	X	X	X	X	X		X	X	X		X		X		X		X		X	X	X	X	X	X	X	X	X
Pressekonferenz			X																				X				X		X	X	X		X										
Ermittler "Aha-Moment"	X					X	X	X	X		X					X	X	X	X		X		X				X		X	X			X		X		X		X	X	X	X	X
Erläuterung Ermittlung	X	X		X			X	X	X	X	X			X	X	X	X	X	X	X	X		X	X			X		X		X		X		X	X	X	X	X	X	X	X	X
Verdeckte Ermittlung			X		X		X									X	X		X		X						X	X															X
Rekonstruktion Tathergang	X			X		X	X	X	X		X			X	X		X	X	X		X		X				X				X		X		X	X	X	X	X	X	X	X	X
Ermittler äußert Verdacht	X			X		X	X	X	X		X			X	X		X	X	X		X		X	X			X		X		X						X	X	X	X	X	X	X
Austausch Ermittler	X	X	X	X	X	X	X		X	X			X	X	X	X	X	X	X	X	X		X	X			X		X		X		X		X	X	X	X	X	X	X	X	X
Ermittlungsroutine	X	X	X	X	X	X	X		X	X			X	X	X	X	X	X	X	X	X		X	X			X		X		X		X		X	X	X	X	X	X	X	X	X
Ermittler in Gefahr						X			X		X				X		X				X						X				X		X		X		X		X					X
Verstoß gegen Vorschrift					X		X	X	X		X				X				X	X	X		X				X		X		X		X		X		X		X			X	X	
Weiterer Tatbestand	X		X		X	X	X		X	X			X	X	X	X	X	X	X		X		X	X			X		X		X		X		X	X	X	X	X	X	X	X	X
Verhind. weiterer Tatbestand			X	X	X	X	X			X				X		X	X	X	X	X	X		X	X			X		X		X		X		X	X	X		X		X	X	X
Behinderung des Ermittlers					X	X	X	X	X		X				X					X							X				X		X		X						X	X	
Aufhebung der Behinderung					X	X	X	X			X									X							X				X		X		X				X			X	
Ermittler wendet List an				X	X					X					X				X				X		X		X				X		X				X	X	X	X	X	X	X
Versuchte Festnahme		X					X													X	X			X											X	X				X		X	X
Verfolgung des Täters		X	X	X					X	X	X	X	X		X	X	X		X								X	X		X	X		X	X	X		X				X		X
Atmosphärisches Element				X		X	X	X	X	X	X	X	X	X	X	X	X		X			X	X	X	X		X	X	X			X	X		X			X			X	X	X
Befragung im Präsidium	X		X	X	X	X		X		X			X		X	X	X	X	X	X	X				X		X				X		X		X	X	X	X	X	X	X	X	X
Geständnis	X	X	X	X	X	X	X		X		X				X		X		X	X	X		X	X			X		X	X	X		X		X	X	X	X	X	X	X	X	X
Festnahme	X	X	X	X	X	X	X		X		X				X	X	X		X	X	X		X	X			X		X	X	X		X		X	X	X	X	X	X	X	X	X
Kommentar zur Lösung	X	X	X	X	X	X	X		X	X	X			X	X	X	X	X	X	X	X		X	X	X		X		X	X	X		X		X	X	X	X	X	X	X	X	X

Abb. 6